Anleitung

zur Ermittelung

der Dauer und Unterhaltungs-Kosten der Gebäude

und

zur Bestimmung

der Bau-Ablösungs-Kapitalien und jährlichen Renten.

Zum Gebrauche

für

Baumeister, Kameralisten, Oeconomie-Commissarien rc.

Von

F. A. Eytelwein,

Königl. Preuß. Geheimen Ober-Bau-Rathe im Finanz-Ministerio.

Berlin, 1831.

Gedruckt und verlegt

bei G. Reimer.

Vorrede.

Das Bedürfniß einer allgemeinen Anleitung zur Ermittelung der Kapitalien oder Renten bei Ablösung von Bau-Verpflichtungen und zur Bestimmung der Dauer der Gebäude und deren Unterhaltungs-Kosten, worauf sich jene Ermittelung gründet, ist schon öfters angeregt worden, weil in Ermangelung einer solchen bisher sehr verschiedenartig verfahren und nicht immer von dem richtigen Gesichtspunkte ausgegangen worden ist; wodurch es denn kam, daß in fast ganz gleichen Fällen sich auffallend verschiedene Resultate ergaben.

Mir ist nicht bekannt, daß eine diesen Gegenstand umfassende und genügende Abhandlung im Drucke erschienen sei, und da ich in meiner amtlichen Stellung Gelegenheit hatte, theils selbst Erfahrungen darüber zu sammeln, theils die Ansichten anderer tüchtigen Staatsmänner und praktischer Baumeister kennen zu lernen, so glaube ich voraussetzen zu können, daß gegenwärtiger Aufsatz den mit jenen Geschäften beauftragten Commissarien nicht unwillkommen sein wird.

Alles dasjenige, was in gewöhnlichen Fällen vorkommen möchte, dürfte in gedrängter Kürze darin berücksichtigt sein, und es wird nur noch bemerkt, daß die für die Berechnung der Ablösungs-Kapitalien und Renten gegebenen Formeln deshalb so umständlich hergeleitet und überall durch Beispiele erläutert worden sind, damit Jeder, der in der niederen Algebra weniger geübt ist, sich durch die stufenweise Folge des Calculs leichter von der Richtigkeit der Formeln überzeugen kann.

Berlin im November 1831.

F. A. E.

Inhalt.

Erstes Kapitel.

Von der Dauer und Unterhaltung der Gebäude.

Zweites Kapitel.

Von den Bau=Ablösungs=Kapitalien und jährlichen Renten.

Erstes Kapitel.

Von der Dauer und der Unterhaltung der Gebäude.

§. 1.

Einleitung.

Bei der Regulirung der gutsherrlichen und bäuerlichen Verhältnisse, Gemeinheitstheilungen, Ablösung von Bau- und Forst-Servituten, Uebertragung der Wiederherstellung und Unterhaltung von Gebäuden an Pächter, Erbpächter, Eigenthümer u. s. w. kommt es sehr häufig vor, daß der Baumeister den Werth und die Dauer neuer und alter Gebäude und den im Durchschnitt jährlich erforderlichen Reparatur-Aufwand angeben soll, um auf den Grund dieser technischen Ermittelungen entweder das Ablösungs-Kapital oder die jährliche Rente, welche der Verpflichtete dem Berechtigten für die zu übernehmende Bau- und Reparatur-Last zu gewähren hat, bestimmen zu können, weil die Ausmittlung des bisherigen wirklichen Verbrauchs nach einem mehrjährigen Durchschnitt, besonders bei Bauwerken von längerer Dauer, in Ermangelung eines vollständigen und genügenden Nachweises darüber, selten möglich ist, denn sonst würde natürlich diese den sichersten Maaßstab bei dergleichen Kapital- oder Rente-Berechnungen abgeben.

Der Werth neuer Gebäude von gegebenem Umfange, Einrichtung und Bauart ist nun zwar, sobald die üblichen Tagelöhne und Fuhrlöhne, der Ankaufspreis der Materialien und deren Entfernung von der Baustelle, die Beschaffenheit der Wege u. dgl. m. bekannt sind, durch specielle Veranschlagung zuverläßig zu bestimmen; dagegen sind alle Ermittelungen über die Dauer der Gebäude und die während dieser Dauer von Zeit zu Zeit nothwendig werdenden Reparaturen, weil diese von zu vielen größtentheils nicht vorher zu bestimmenden und daher fast außer aller Berechnung liegenden Umständen abhängen, nur hypothetisch, und werden, selbst wenn sie mit möglichster Sorgfalt und sachkundiger Berücksichtigung aller örtlichen Verhältnisse nur auf ein einzelnes Gebäude gerichtet sind, selten zutreffen. Noch viel weniger lassen sich aber für dergleichen Ermittelungen zuverlässige allgemeine Grundsätze auf ganze Kreise oder sogar auf ganze Departements anwendbar aufstellen, wenn man nicht Gefahr laufen will, mitunter bei einzelnen Gebäuden ganz falsche, von der Wirklichkeit bedeutend abweichende Resultate zu erhalten, die durchaus keinen sicheren Anhalt gewähren.

Sonach fehlt es eigentlich jeder Berechnung von Bau-Ablösungs-Kapitalien oder jährlichen Renten, welche doch den Verhältnissen der Folgezeit für immer angemessen sein sollen, so daß weder der Belastete noch der Berechtigte darunter leidet, an festen Unterlagen; wozu noch kommt, daß diese Berechnung auf die zur Zeit der Regulirung ermittelte Neubau-Summe gegründet werden muß, die streng genommen ebenfalls keinen sichern Anhalt gewährt; denn wenn sich jene Summe auch für die Gegenwart zuverlässig angeben läßt, so kann doch kein Sterblicher vorhersehen, ob die Verhältnisse, unter welchen nach 50, 100 und mehreren Jahren ein gleicher Neubau ausgeführt werden soll, in Absicht der Arbeits- und Fuhr-Löhne, der Preise der Materialien und deren Entfernung u. s. w. dieselben bleiben, und nach welchen Grundsätzen dann gebaut werden wird, und es ist leicht möglich, daß dann ein ähnlicher Neubau mehr oder weniger als zur Zeit der Regulirung kostet.

Gleichwohl kann sich der Baumeister diesem sehr schwierigen, lediglich in sein Fach einschlagenden Geschäfte nicht entziehen, und er muß deshalb mit der größten Umsicht zu Werke gehen, in jedem einzelnen Falle alle örtliche und sonstige Verhältnisse, welche auf die Dauer und Unterhaltung der Gebäude Einfluß haben und welche nachstehend näher berührt sind, sorgfältig berücksichtigen, damit er wenigstens die Ueberzeugung erhält, sich soviel als möglich der Wirklichkeit genähert zu haben, obgleich sich die Zuverlässigkeit solcher Arbeiten immer nicht verbürgen läßt.

§. 2.

Umstände, welche auf die Dauer und Unterhaltung der Gebäude Einfluß haben.

Diejenigen Umstände, welche auf solche Ermittelungen ganz besonderen Einfluß haben, sind folgende:

1) das Klima und die Lage der Gebäude; namentlich ob dieselben nördlicher oder südlicher, in einer rau-

hen Gebirgsgegend oder in einer milden Ebene liegen; ob sie eine tiefe und feuchte oder hohe und trockne Lage haben, und ob sie den Stürmen und der Witterung mehr oder weniger ausgesetzt oder durch Wälder und Berge geschützt sind;

2) die Beschaffenheit der Materialien, welche zu den Gebäuden verwendet sind, und die Construction der Gebäude; denn es ist begreiflich, daß wenn z. B. die Fundamente nicht auf festem Boden gegründet sind, die Mauern von zu kleinen unlagerhaften Bruchsteinen ohne allen Verband, wohl gar mit schlechtem Mörtel aufgeführt, die Mauer- und Dach-Ziegel nicht aus guter Erde und tüchtig durchgebrannt sind, die Verbandhölzer nicht aus trocknem, kernigem, sondern aus unausgewachsenem, splintigem und nassem Holze zu schwach und nicht richtig und scharfpassend verbunden sind, der Lehm zu fett oder zu mager, die Dächer zu flach sind u. dgl. m., dann die Gebäude nicht die erforderliche Dauer gewähren können, und viel häufigeren Reparaturen unterworfen sind, als wenn durchweg die besten Materialien aller Art angewendet, die Gebäude durch verständige Handwerker mit Sorgfalt nach den Regeln der Kunst und Feuersicherheit nicht übereilt aufgeführt sind, und eine Jahreszeit dazu gewählt ist, in der das Mauerwerk und die Lehmerarbeiten u. s. w. gehörig austrocknen können. Ueberhaupt ist zu unterscheiden, ob die Gebäude massiv von Bruch- Back- oder Luft-Steinen, in Kalk oder in Lehm, von Lehmpatzen oder in Pisée, von Eichen-, Kiefern-, Fichten-, Tannen-, Büchen-, Espen- u. s. w. Holz mit ausgemauerten, gelehmten oder mit Brettern verkleideten Fachen, von Schrotholz in Gehrsaß oder Füllholz, mit Metall-, Schiefer-, Ziegel-, Rohr-, Stroh- oder Schindel-Dächern erbaut sind oder eine

gemischte Bauart haben, weil sich fast in jedem dieser Fälle die Dauer und die Unterhaltung der Gebäude anders stellt;

3) der Zweck, zu welchem die Gebäude dienen, ist ebenfalls von wesentlichem Einfluß, denn abgesehen davon, daß z. B. Wohnhäuser in der Regel solider verbunden werden, als Ställe oder Scheunen, so leiden auch die einzelnen Theile der ersteren viel weniger als die andern, weil diese mehr Beschädigungen, besonders in den Ställen, durch den Mist und die Ausdünstungen des Viehes ausgesetzt sind; Scheunen aber große hohle Räume bilden, die weniger Festigkeit haben und auf welche die Stürme mehr einwirken können.

Noch mehr aber leiden solche Gebäude, worin sich viel Dünste entwickeln, als in Wasch- und Brüh-Küchen, Brau- und Branntweinbrennereien u. s. w.

Ferner kommt es ganz besonders darauf an,

4) wie ein Gebäude behandelt wird. Wird dasselbe stets in den Fundamenten, Schwellen, Dächern und Fachen, Thoren, Thüren, Fenstern u. s. w. gehörig unterhalten, und überhaupt, sobald sich eine Reparatur als nothwendig darstellt, diese, schien sie auch unbedeutend, sogleich gründlich bewirkt; geht der Eigenthümer, Pächter oder Nießbraucher eines Gebäudes sorgsam damit um, hält er es reinlich, läßt die Schwellen vom Miste und sonstigen Unreinigkeiten, von Büschen, Sträuchern u. s. w. frei, vertreibt das Ungeziefer, als Ratten und Mäuse, und unterläßt in dieser Beziehung nichts, was einem tüchtigen Hauswirthe frommt, so wird nicht nur die Dauer des Gebäudes viel größer sein, sondern auch im Ganzen der Kostenbedarf der Reparaturen viel geringer ausfallen, als unter entgegengesetzten Umständen;

5) auch außerordentliche Natur-Ereignisse, als Stürme, Ueberschwemmungen, Hagel u. s. w., so wie Feuersbrünste durch Blitz oder Fahrlässigkeit der Bewohner u. s. w. sind insofern, als sie oft, wenn auch nicht die ganzen Gebäude zerstören, doch bedeutende Beschädigungen daran verursachen, nicht ohne Einfluß auf die Dauer und Unterhaltung der Gebäude; da diese Ereignisse jedoch zu den unvorhergesehenen gehören, so lassen sich dafür gar keine Normen angeben, und man muß sich daher schon mit ungefähren Annahmen aus der Erfahrung und den örtlichen Verhältnissen geschöpft, begnügen.

So würde man z. B. wenn es auf die Bestimmung der Zeitperiode ankäme, für welche ein Abbrennen eines Gebäudes anzunehmen ist, dieselbe in der Art zu ermitteln haben, daß man den Werth der Gebäude, womit sie bei der betreffenden Feuer-Societät versichert sind, zu Grunde legt, den zehnjährigen Durchschnitt der für diese Gebäude geleisteten Feuer-Societäts-Beiträge aus den desfalsigen Listen ermittelt und mit diesem Resultat in die Versicherungs-Summe dividirt, wo dann der Quotient die Abbrennungs-Periode angiebt.

Wären also die Gebäude eines Vorwerks mit dem Werth von 15,000 Thlr. versichert, und die Beiträge davon hätten nach dem zehnjährigen Durchschnitt jährlich $\frac{1}{4}$ Procent oder $37\frac{1}{2}$ Thlr. betragen, so würde $\frac{15000}{37\frac{1}{2}} = 400$, dieser Quotient die Jahre angeben, für welche ein Abbrennen der Gebäude anzunehmen ist.

§. 3.
Ungefähre Mitttelsätze über die Dauer und Unterhaltung der Gebäude.

Diese Vorausschickung, wonach fast an jedem Orte, ja fast an jedem Gebäude andere Umstände obwalten, werden die Eingangs behaupteten Schwierigkeiten und Unzuverlässigkeit allgemeiner Grundsätze hinlänglich darthun.

Indeß mögen zum ungefähren Anhalt bei dergleichen Ermittelungen in Beziehung auf gewöhnliche landwirthschaftliche Gebäude etwa folgende Mittelsätze dienen, die, je nachdem es die angeführten Umstände erheischen, unter Angabe der Gründe entweder erhöht oder erniedrigt werden müssen, und wobei überall der Neubauwerth der Gebäude zu Grunde gelegt, auf außerordentliche Naturereignisse und Feuersbrünste aber keine Rücksicht genommen ist.

Zuvörderst wird in Beziehung auf die nachstehende Tabelle noch bemerkt, daß

die erste Rubrik die Dauer neuer Gebäude nach Jahren ($= m$) und

die zweite Rubrik, die aus dieser Dauer entspringende jährliche Abnutzung des aufgewendeten Bau-Kapitals oder die jährlichen Amortisations-Kosten desselben nach Procenten ($= \alpha$) angiebt; denn mit dem Ablauf der für die Dauer angenommenen Periode verschwindet auch das Bau-Kapital;

die dritte Rubrik weist den ungefähren Bedarf der im Durchschnitt jährlich erforderlichen Unterhaltungs-Kosten in Procenten ($= \beta$) von der Neubau-Summe nach; und

die vierte Rubrik gewährt eine Uebersicht der jährlichen Amortisations- und Unterhaltungs-Kosten in Procenten von der Neubau-Summe ($= \alpha + \beta$).

Bezeichnung der Gebäude.	Dauer nach Jahren $=m$.	Jährliche Amortisations-Kosten $\frac{100}{m}=\alpha$. Procent.	Jährliche Unterhaltungs-Kosten $=\beta$. Procent.	Summe von $\alpha+\beta$. Procent.
I. Bei massiven Gebäuden.				
a) Wohnhäuser für Gutsbesitzer, Domainen-Beamte, Vorwerkspächter, Oberförster, Unterförster und ähnliche Personen .	200	$\frac{1}{2}$	$\frac{1}{2}$	1
b) Wohnhäuser für Bauern, Kossäten, Büdner, Tagelöhner, Schäfer, Meier, Hirten, Waldwärter, Heideläufer und ähnliche Personen	175	$\frac{4}{7}$	$\frac{3}{4}$	$1\frac{9}{28}$
c) Scheunen, Getreide-Speicher, Holzställe, Wagen-Remisen, Spritzenhäuser, Rollkammern und Federviehställe	175	$\frac{4}{7}$	$\frac{1}{2}$	$1\frac{1}{14}$
d) Pferde-, Rindvieh- und Schaf-Ställe mit den darin befindlichen Futter- und Knechte-Kammern	150	$\frac{2}{3}$	$\frac{2}{3}$	$1\frac{1}{3}$
e) Molkenhäuser, Wasch- und Brüh-Küchen, ferner Abtritte	125	$\frac{4}{5}$	$\frac{3}{4}$	$1\frac{11}{20}$
f) Schweineställe	100	1	1	2
g) Brau- und Branntweinbrennereien	75	$1\frac{1}{3}$	$\frac{3}{4}$	$2\frac{1}{12}$
h) Gewöhnliche Feld-Backöfen ohne Ueberbau	25	4	2	6

Bezeichnung der Gebäude.	Dauer nach Jahren $= m$.	Jährliche Amortisations-Kosten $\frac{100}{m} = \alpha$. Procent.	Jährliche Unterhaltungs-Kosten $= \beta$. Procent.	Summe von $\alpha + \beta$. Procent.
i) Hof- und Garten-Befriedigungs-Mauern	150	$\frac{2}{3}$	$\frac{1}{2}$	$1\frac{1}{6}$
k) Brunnen	60	$1\frac{2}{3}$	$1\frac{1}{3}$	3
l) Brücken, Schleusen und Bollwerke von gewöhnlichem Mauerwerk	50	2	$1\frac{1}{2}$	$3\frac{1}{2}$
II. Bei hölzernen Gebäuden, und zwar von Kiefern-, Fichten- oder Tannen-Holz.				
a) Wohnhäuser wie oben ad *a*)	120	$\frac{5}{6}$	1	$1\frac{5}{6}$
b) Wohnhäuser wie oben ad *b*)	100	1	$1\frac{1}{2}$	$2\frac{1}{2}$
c) Scheunen ꝛc. wie oben ad *c*)	80	$1\frac{1}{4}$	1	$2\frac{1}{4}$
d) Ställe ꝛc. wie oben ad *d*)	75	$1\frac{1}{3}$	$1\frac{1}{3}$	$2\frac{2}{3}$
e) Molkenhäuser ꝛc. wie oben ad *e*)	60	$1\frac{2}{3}$	$1\frac{1}{2}$	$3\frac{1}{6}$
f) Schweineställe	50	2	2	4
g) Brau- und Branntweinbrennereien	50	2	$1\frac{1}{2}$	$3\frac{1}{2}$
h) Hof- und Garten-Zäune nebst Thoren und Thüren darin	15	$6\frac{2}{3}$	$2\frac{1}{3}$	9
i) Ausgeschürzte Brunnen ..	15	$6\frac{2}{3}$	$1\frac{1}{3}$	8
k) Brunnenröhren, Brunnenbeläge und Röhrleitungen ..	10	10	$1\frac{1}{2}$	$11\frac{1}{2}$

Bezeichnung der Gebäude.	Dauer nach Jahren $=m$.	Jährliche Amortisations-Kosten $\frac{100}{m}=\alpha$. Procent.	Jährliche Unterhaltungs-Kosten $=\beta$. Procent	Summe von $\alpha+\beta$. Procent.
l) Brücken, Schleusen und Bollwerke	$\begin{cases}25\\30\end{cases}$	$3\frac{2}{3}$	$2\frac{1}{3}$	6
Anmerk. Die kürzere oder längere Dauer der Brücken, Schleusen und Bollwerke und die von Zeit zu Zeit nöthigen Reparaturen daran hängen ganz besonders davon ab, ob sie starken Strömungen, Hochgewässern und Eisfahrten ausgesetzt sind oder nicht, und ob über den ersteren eine starke Passage stattfindet oder nicht, was in jedem einzelnen Falle erwogen und danach die Dauer festgesetzt werden muß. Es giebt z. B. Brücken, bei denen der Belag 10 Jahre und länger brauchbar bleibt, während derselbe bei stark befahrenen Straßen, fast alle 2 bis 3 Jahre erneuert werden muß.				
m) Pfahl- oder liegende Roste	200	$\frac{1}{2}$	—	$\frac{1}{2}$

III. Bei hölzernen Gebäuden größtentheils von Eichenholz.

Wird zu den sämmtlichen Wänden und zu allen der Witterung ausgesetzten Verbandhölzern Eichenholz angewendet, so kann man die Dauer der Gebäude ad II. um circa $\frac{1}{3}$ höher, also die Amortisations-Kosten um $\frac{1}{4}$ geringer rechnen, als vorstehend unter II. Litt. *a*) bis *l*) angegeben ist. So wird z. B. ad *a*) die Dauer eines Amtshauses $120 + \frac{120}{3} = 160$ Jahre, und die jährliche Amortisations-Summe auf $\frac{5}{6} - \frac{5}{24} = \frac{5}{8}$ Procent zu stehen kommen.

Dagegen bleiben die Unterhaltungskosten ziemlich dieselben, weil mit der längeren Dauer der Gebäude, auch die Reparaturkosten während dieser Dauer verhältnißmäßig wachsen.

IV. Bei Gebäuden von Lehmpatzen, Pisée oder Wellerwand

kann man, vorausgesetzt daß sie gehörig hohe Fundamente haben und mit angemessen überstehenden Dächern versehen sind, annehmen, daß sie Hinsichts ihrer Dauer und Unterhaltungskosten in ziemlich gleichem Verhältniß mit den ad II. aufgeführten hölzernen Gebäuden stehen.

Finden diese Voraussetzungen aber nicht statt, so muß die Dauer verhältnißmäßig kürzer, also die Amortisations-Summe größer, ebenso die Unterhaltungskosten etwas höher angenommen werden.

§. 4.

Kleine Reparaturen.

Soll in einzelnen Fällen angegeben werden, wie viel von den im vorigen §. ausgeworfenen Unterhaltungskosten $= \beta$ auf kleine Reparaturen kommen, welches z. B. dann nothwendig ist, wenn den Zeitpächtern von Vorwerken u. s. w. die Bedingung gestellt wird, die kleinen Reparaturen an den Gebäuden bis zu einer jährlich bestimmten Summe aus eigenen

Mitteln zu besorgen, so kann man von jenen Kosten etwa $\frac{1}{3}$ auf kleine Reparaturen, und die übrigen $\frac{2}{3}$ auf größere Reparaturen rechnen.

Hierunter sind jedoch die Dachdeckungen nicht mitbegriffen, weil diese den Pächtern gewöhnlich noch besonders zur contractlichen Bedingung gemacht werden, wobei angenommen wird, daß ein Ziegeldach . . . . alle 24 Jahre,
ein Rohrdach . . . . „ 30 „
ein Strohdach . . . . „ 20 „
ein Schindeldach von Eichenholz . . . . . „ 24 „
und ein Schindeldach von weichem Holze . . „ 15 „
ganz umgedeckt werden muß.

Hiernach würden z. B. bei einem massiven Amtshause (§. 3. I. Litt. *a*) die kleinen Reparaturen jährlich $\frac{1}{2} \times \frac{1}{3} = \frac{1}{6}$ Procent des Neubauwerths betragen. Ist letzterer nun 6000 Thlr., so kommen auf kleine Reparaturen jährlich 10 Thlr.

§. 5.

Dauer alter Gebäude.

Bei den §. 1. erwähnten Regulirungen kommt es ferner gewöhnlich vor, daß der Baumeister außer der Dauer neuer Gebäude auch noch die muthmaßliche Dauer vorhandener alter Gebäude angeben muß, weil solche einen sehr wesentlichen Einfluß auf die Größe des Ablösungs-Kapitals oder der jährlichen Rente hat, wie späterhin dargethan werden wird.

Dies ist eine eben so schwierige und unzuverlässige Ermittelung, als bei ganz neuen Gebäuden, weil auch hier eine Menge unvorhergesehener Fälle eintreten können, die eine längere oder kürzere Dauer mit sich führen.

In solchen Fällen bleibt nichts anders übrig, als die Beschaffenheit der Gebäude ganz genau zu untersuchen, ebenfalls auf alle örtliche und sonstigen Verhältnisse Rücksicht zu nehmen, danach den gegenwärtigen baulichen Geldwerth derselben, dem Zustande der einzelnen Gegenstände nach speciell zu berechnen, und aus der Vergleichung dieser Summe mit dem Werthe ganz neuer, in Beziehung auf Zweck und Bauart ähnlicher Gebäude und deren Dauer, die noch muthmaßliche Dauer der alten Gebäude zu bestimmen. Bei einem solchen systematischen Verfahren werden wenigstens alle sonst leicht statt findenden Widersprüche und unverhältnißmäßigen Resultate vermieden und man wird sich auf diese Weise möglichst der Wahrheit nähern.

Wäre z. B. der jetzige Werth eines alten Gebäudes zu 600 Thlr. ermittelt, ein dergleichen neues Gebäude koste aber 1000 Thlr. und habe eine Dauer von 100 Jahren, so verhält sich

$$1000 \text{ Thlr.} : 600 \text{ Thlr.} = 100 \text{ Jahre} : x \text{ Jahre},$$

daher

$$x = \frac{600 . 100}{1000} = 60 \text{ Jahre},$$

das alte Gebäude würde mithin noch eine muthmaßliche Dauer von 60 Jahren haben.

Zweites Kapitel.

Von den Bau-Ablösungs-Kapitalien und jährlichen Renten.

---

§. 6.

Ermittelung der Ablösungs-Kapitalien oder der jährlichen Renten von Neubauen und Reparaturen im Allgemeinen.

Unter Kapitalwerth (Ablösungs-Kapital) einer Bauberechtigung wird diejenige Summe verstanden, welche der zum Bauen Verpflichtete dem Bauberechtigten ein für alle Mal geben muß, damit dieser alle vorkommende Baulichkeiten, der Berechtigung entsprechend, davon bewirken kann.

Der Rentenwerth aber ist der jährliche Zinsenbetrag von diesem Kapital.

Sobald nun nach den im vorigen Kapitel enthaltenen Andeutungen folgende Data bekannt und festgestellt sind, nemlich:

1) die zum Neubau erforderliche Summe; wobei bemerkt wird, daß wenn ein Gebäude so baufällig ist, daß dessen Neubau eintreten muß, doch immer ein Theil der Materialien, als Steine u. s. w., aus dem alten Gebäude noch brauchbar und mit Nutzen beim Neubau wieder anzuwenden sein wird. Ebenso wir das alte Holzwerk, soweit es zur Wiederverbauung

nicht geeignet ist, doch größtentheils noch als Brennholz benutzt werden können. Von den veranschlagten Neubaukosten muß daher der Werth der alten Materialien nach einer muthmaßlichen Schätzung, mit Rücksicht auf die Abbrechungskosten, in Abzug gebracht und nur der dann verbleibende Rest als Bau-Summe in Rechnung gestellt werden. Nur dieser Rest ist in allen nachfolgenden Berechnungen unter Bau-Summe zu verstehen;

2) die Dauer des Gebäudes, und zwar nicht nur

a) die Dauer desselben in seiner Neuheit, sondern auch

b) die noch wahrscheinliche Dauer desselben nach seiner Beschaffenheit zur Zeit der eintretenden Ablösung oder Abfindung, weil die Dauer des neuen Gebäudes allein zu ganz unrichtigen Resultaten führen würde;

3) der Zinsfuß, welcher dem Ablösungs-Kapital zu Grunde gelegt werden soll;

Anmerk. Dieser wird nach den gesetzlichen und allgemeinen Verwaltungs-Bestimmungen in der Regel zu 4, und in den Domainen theilweise zu 5 Procent angenommen; doch ist er in den folgenden allgemeinen Formeln unbestimmt gestellt, damit jeder verlangte Zinsfuß angenommen werden kann.

und 4) der Procentsatz für die Reparaturen des Gebäudes, so läßt sich für jeden einzelnen Fall das aus einer Gebäudelast entspringende Ablösungs-Kapital oder die jährliche Rente berechnen.

Da diese aber sehr verschiedenartig von einander sein können, je nachdem verlangt wird, ob bei den Ermittelungen auf gar keine Zinsen oder in welcher Art auf Zinsen-Anrechnung, und nach welchem Zinsfuß gerücksichtigt, und von welchem Gesichtspuncte überhaupt dabei ausgegangen werden soll, so dürfte es hier am rechten Orte sein, die verschiedenen möglicher Weise vorkommenden Fälle näher zu berühren und die Grundsätze zusammenzustellen und allgemeine Formeln anzugeben, nach welchen dergleichen Berechnungen anzulegen sind, damit ein jeder im Stande ist, die ihm in dieser Beziehung vorgelegten Fragen leicht zu beantworten.

§. 7.
Ermittelung der Ablösungs-Kapitalien von Neubauen.

Der Fall, daß ein Ablösungs-Kapital ohne Zinsen berechnet werden sollte, möchte wohl nie vorkommen, denn es liegt schon in der Natur der Sache, daß auf Zinsen-Anrechnung Rücksicht genommen werden muß, weil sonst das Ablösungs-Kapital ganz außerordentlich hoch ausfallen, und in den Fällen, wo die Bauverpflichtung nicht auf eine gewisse Zeit beschränkt, sondern auch auf die Folge, also auf ewige Zeiten ausgedehnt ist, unangeblich groß werden, mithin die Kräfte des Belasteten offenbar übersteigen würde. Dieser Fall wird daher hier um so mehr übergangen, als er weiter keine schwierige Berechnung erfordert.

In Betreff der Zinsen fragt es sich aber, nach welchen Grundsätzen diese zur Berechnung gezogen werden sollen, da die Größe des Ablösungs-Kapitals lediglich davon abhängt.

Hierunter lassen sich drei sehr wesentlich von einander abweichende Verfahrungs-Arten aufstellen, nemlich:

1) die Ermittelung des Ablösungs-Kapitals mit Rücksicht auf e i n f a c h e Z i n s e n;

2) die Ermittelung des Ablösungs-Kapitals mit Rücksicht auf e i n f a c h e Z i n s e n, von welchen l e t z t e r e n w i e d e r u m e i n f a c h e Z i n s e n in Anrechnung kommen; und

3) die Ermittelung des Ablösungs-Kapitals mit Rücksicht auf Zinses-Zinsen; d. h. die jährlichen Zinsen werden immer wiederum zum Kapital geschlagen und davon Zinsen berechnet.

Wie diese Ermittelungen, je nachdem die eine oder andere Anwendung finden soll, auf dem kürzesten Wege zu bewerkstelligen sind, ergiebt sich aus Folgendem; wobei ausdrücklich bemerkt wird, daß bei allen Kapital-Berechnungen vorausgesetzt ist, die Zahlung des Kapitals erfolge gleich beim Abschluß des Regulirungs-Geschäfts oder doch kurz darauf, weil die Größe des Kapitals danach bestimmt ist, daß es gleich von Anfang an auf Zinsen ausgethan wird.

§. 8.

Ablösungs-Kapitalien von Neubauen mit Rücksicht auf einfache Zinsen.

Die Verpflichtung zur Bestreitung von Neubauen kann verschiedene Fälle umfassen, von denen die wesentlichsten hier aufgeführt werden sollen, und woraus sich alle anderen leicht ableiten lassen.

A) Gesetzt es habe Jemand die Verpflichtung, das Gebäude eines Andern nach Verlauf von n Jahren, wo es einer Reparatur nicht mehr fähig ist, mit einer Summe K neuzubauen; der Verpflichtete will aber diese Zeit nicht abwarten, sondern sich gleich jetzt mit dem Berechtigten in der Art abfinden, daß er ihm ein angemessenes Ablösungs-Kapital x giebt.

Wie groß wird das Kapital x sein müssen, um mit demselben und den einfachen Zinsen davon, nach dem Zinsfuße z, den Neubau zu seiner Zeit bewerkstelligen zu können?

Die jährlichen Zinsen von x betragen

$$\frac{z}{100}x,$$

mithin in n Jahren

$$\frac{z}{100}nx,$$

und das Ablösungs-Kapital mit den Zinsen in n Jahren

$$x+\frac{z}{100}nx.$$

Es muß aber die Bau-Summe K dem Ablösungs-Kapital x mit den während der n Jahre davon gesammelten einfachen Zinsen gleich sein, daher

$$K=x+\frac{z}{100}nx=x\left(1+\frac{z}{100}n\right),$$

folglich das Ablösungs-Kapital

$$\text{(I. } a.\text{)} \quad x=\frac{K}{1+\frac{z}{100}n}.$$

Beispiel. Der Neubau eines Gebäudes koste 6000 Thlr. und seine Dauer sei nur noch 20 Jahre; wie viel wird das Ablösungs-Kapital x betragen, um damit und mit den Zinsen davon, letztere zu 5 Procent gerechnet, nach Verlauf der 20 Jahre das Gebäude wieder neu aufführen zu können?

Hier ist die Dauer des Gebäudes . $n=20$ Jahre,
die Bau-Summe . . . . $K=6000$ Thlr.,
und der Zinsfuß . . . . $z=5$,
daher das Ablösungs-Kapital

$$x=\frac{6000}{1+\frac{5}{100}.20}=\frac{6000}{2}, \text{ oder}$$

$$x=3000 \text{ Thlr.}$$

Müßte der Neubau sogleich stattfinden, so wird $n=0$, also aus (I. *a.*)

$$\text{(I. } b.) \quad x = K;$$

mithin wäre dann das Ablösungs=Kapital der Bau=Summe gleich.

B) Wenn ein Gebäude nur noch eine Dauer von n Jahren hat, und dann mit einer Summe K neu gebaut werden muß, hiernächst aber eine $m$jährige Dauer gewährt und dann noch einmal mit einer gleichen Summe neu gebaut werden soll; auf wie hoch muß sich das Ablösungs=Kapital x belaufen, um damit und mit den einfachen Zinsen davon, nach dem Zinsfuße z, beide Neubaue nach Verlauf von resp. n und m Jahren bestreiten zu können?

Nach Verlauf von n Jahren muß man nicht nur die Summe K, sondern noch soviel darüber haben, um mit diesem Ueberschuß und den Zinsen davon, nach Ablauf der m Jahre, wiederum K zu haben.

Setzt man diesen Ueberschuß $=P$, so betragen die $m$jährigen Zinsen davon $\frac{z}{100}mP$, und da $P+\frac{z}{100}mP=K$ sein muß, so ist $P=\frac{K}{1+\frac{z}{100}m}$.

Jenem Ueberschuß entspricht daher ein Kapital $=\frac{K}{1+\frac{z}{100}m}$; nach n Jahren muß also überhaupt vorhanden sein

$$K+\frac{K}{1+\frac{z}{100}m};$$

mithin ist nach (I. *a.*) das Ablösungs=Kapital

$$x = \frac{K + \frac{K}{1 + \frac{z}{100} m}}{1 + \frac{z}{100} n} \quad \text{[I.], oder}$$

$$\text{(II.)} \quad x = \frac{\left(2 + \frac{z}{100} m\right) K}{\left(1 + \frac{z}{100} n\right)\left(1 + \frac{z}{100} m\right)}.$$

Beispiel. Setzt man die Dauer des alten Gebäudes oder . . . . $n = 20$ Jahre,
die Dauer des neuen Gebäudes oder . . $m = 100$ Jahre,
die Bau-Summe für das neue Gebäude oder $K = 6000$ Thlr.
und den Zinsfuß oder . . . . $z = 5$, so ist das Ablösungs-Kapital

$$x = \frac{\left(2 + \frac{5}{100} 100\right) . 6000}{\left(1 + \frac{5}{100} 20\right)\left(1 + \frac{5}{100} 100\right)} = \frac{7 . 6000}{2 . 6}, \text{ oder}$$

$x = 3500$ Thlr.

C) Wäre ein Gebäude nach *n* Jahren mit einer Summe *K* neu zu bauen, und müßte demnächst noch zweimal nach resp. *m* und *m* Jahren jedesmal mit einer gleich großen Bau-Summe neu aufgeführt werden; wieviel Ablösungs-Kapital *x* muß der zum Bauen Verpflichtete dem Berechtigten geben, damit dieser im Stande ist, mit jenem Kapital und den einfachen Zinsen davon, nach dem Zinsfuße *z*, alle drei Neubaue zu vollführen?

Hier wird aus gleichen Gründen wie ad *B*, nach [I.]

$$x = \frac{K + \cfrac{K + \cfrac{K}{1 + \frac{z}{100} m}}{1 + \frac{z}{100} m}}{1 + \frac{z}{100} n}, \text{ oder}$$

$$\text{(III.)} \quad x = \frac{3 + 3\frac{z\,m}{100} + \left(\frac{z\,m}{100}\right)^2}{\left(1 + \frac{z\,n}{100}\right)\left(1 + \frac{z\,m}{100}\right)^2} . K.$$

Beispiel. Setzt man $n = 20$ Jahre,
$m = 100$ Jahre,
$K = 6000$ Thlr., und
$z = 5$, so ist

$$x = \frac{3 + 3 . \frac{5 . 100}{100} + \left(\frac{5 . 100}{100}\right)^2}{\left(1 + \frac{5 . 20}{100}\right)\left(1 + \frac{5 . 100}{100}\right)^2} . 6000,$$

$$x = \frac{43 . 6000}{2 . 6 . 6} = \frac{10750}{3}, \text{ oder}$$

$$x = 3583\tfrac{1}{3} \text{ Thlr.}$$

D) Hat endlich Jemand die Verpflichtung, das Gebäude eines Andern nicht nur ein oder einige Mal, sondern stets neu zu bauen, so oft sich dies als nothwendig darstellt (welcher Fall wohl am gewöhnlichsten vorkommen dürfte), und nach dem Gutachten des Sachverständigen stände fest, daß das Gebäude in seiner jetzigen Beschaffenheit nur noch n Jahre stehen kann, dann aber mit der Summe K neu gebaut werden müßte, und hiernächst alle m Jahre, als so lange die Dauer des neuen Gebäudes anzunehmen ist, einen gleichen Neubau erfordert;

wie viel Ablösungs-Kapital x wird der Verpflichtete dem Berechtigten geben müssen, um damit und mit den einfachen Zinsen davon, nach dem Zinsfuße z, nicht nur nach Verlauf der n Jahre den ersten Neubau, sondern auch noch soviel übrig zu behalten, um mit diesem Ueberschuß und den Zinsen davon alle fernern Neubaue ausführen zu können?

Dasjenige Kapital P, welches am Schluß einer jeden (sowohl der ersten als jeder folgenden) Bau-Periode, außer der Bau-Summe K, noch vorhanden sein muß, um mit demselben und den Zinsen davon, nach Verlauf von m Jahren, das Gebäude wieder aufbauen zu können und wiederum davon soviel übrig zu behalten, um dieses Verfahren von m zu m Jahren bis in Ewigkeit fortzusetzen, muß so groß sein, daß die m jährigen Zinsen davon allein der Bau-Summe K gleich sind, damit diese von m zu m Jahren gesammelten Zinsen immer wieder K geben; nun sind die m jährigen Zinsen von P, $= \frac{z}{100} m P$; daher $\frac{z}{100} m P = K$, oder $P = \frac{K}{\frac{z}{100} m}$,

nach n Jahren werden also überhaupt erfordert $K + \frac{K}{\frac{z}{100} m}$,

folglich ist nach [I.]

$$x = \frac{K + \frac{K}{\frac{z}{100} m}}{1 + \frac{z}{100} n}, \text{ oder}$$

$$\text{(IV. a.)} \quad x = \frac{\left(1 + \frac{100}{m z}\right) K}{1 + \frac{z}{100} n}.$$

Beispiel. Setzt man wie früher $n = 20$ Jahre,
$m = 100$ Jahre,
$K = 6000$ Thlr., und
$z = 5$, so ist

$$x = \frac{\left(1 + \frac{100}{100 \,.\, 5}\right) . 6000}{1 + \frac{5}{100} . 20},$$

$$x = \frac{6000 + \frac{1}{5} . 6000}{1 + 1} = \frac{6000 + 1200}{2}, \text{ oder}$$

$x = 3600$ Thlr.

Anmerk. Die Richtigkeit dieser Rechnung für das gewählte Beispiel zu übersehen, erhält man von den 3600 Thlr. Ablösungs-Kapital jährlich 180 Thlr. Zinsen, also nach 20 Jahren einen Zuwachs von 3600 Thlr., daher überhaupt an Kapital 3600 + 3600 = 7200 Thlr. Hiervon 6000 Thlr. für den Neubau abgezogen, bleiben 1200 Thlr., welche jährlich 60, also nach 100 Jahren 6000 Thlr. Zinsen, daher ein Kapital von 1200 + 6000 = 7200 Thlr. geben, welches zureichend ist, den Neubau fortwährend zu bestreiten.

Müßte der erste Neubau sogleich stattfinden, so wird $n = 0$, daher nach (VI. *a.*)

$$\text{(IV. } b.) \qquad x = \left(1 + \frac{100}{m\,z}\right) K.$$

Beispiel. Werden die vorigen Werthe für m, K und z beibehalten, so ist

$$x = \left(1 + \frac{100}{100 \,.\, 5}\right) . 6000,$$

$$x = \left(1 + \frac{1}{5}\right) . 6000 = 6000 + 1200, \text{ oder}$$

$x = 7200$ Thlr.

Wäre dagegen das Gebäude so eben neu gebaut, und der nächste Neubau fände erst nach m Jahren statt, so wird $n = m$, daher nach (IV. a.)

$$x = \frac{1 + \frac{100}{mz}}{1 + \frac{z}{100} m} K,$$

uud wenn man diesen Ausdruck im Zähler und Nenner mit $100\,mz$ multiplicirt

$$x = \frac{100\,mz + 100 \,.\, 100}{100\,mz + mz \,.\, mz} K,$$

$$x = \frac{100\,(mz + 100)}{mz\,(mz + 100)} K, \text{ oder}$$

$$\text{(IV. } c.) \quad x = \frac{100}{mz} K.$$

Beispiel. Unter Beibehaltung der früheren Werthe für m, K und z, wird

$$x = \frac{100}{100 \,.\, 5} \,.\, 6000 = \frac{1}{5} \,.\, 6000, \text{ oder}$$

$$x = 1200 \text{ Thlr.}$$

§. 9.

Ablösungs-Kapitalien von Neubauen mit Rücksicht auf einfache Zinsen, von welchen letzteren wiederum einfache Zinsen in Anrechnung kommen.

Aehnlich wie im vorigen §. lassen sich auch hier im Wesentlichen folgende verschiedene Fälle aufstellen.

A) Nach technischen Ermittelungen stehe fest, daß ein vorhandenes Gebäude nur noch eine Dauer von n Jahren habe, dann aber mit der Summe K neugebaut werden muß. Es soll das Ablösungs-Kapital x angegeben werden, welches der

Verpflichtete dem Berechtigten gleich jetzt geben muß, damit letzterer mit diesem Kapital und den nach der erwähnten Art berechneten Zinsen, nach dem Zinsfuße z, den Neubau zu seiner Zeit bestreiten kann?

1) Die einfachen Zinsen des Kapitals x betragen am Schluß des ersten Jahres . . . . $= \frac{z}{100}x$,

2) hierzu kommen am Schluß des zweiten Jahres wiederum die einjährigen einfachen Zinsen von x und die einfachen Zinsen der erstjährigen Zinsen also . $\frac{z}{100}x + \frac{z}{100}\left(\frac{z}{100}x\right) = \frac{z}{100}x + \left(\frac{z}{100}\right)^2 x$,

3) hierzu kommen am Schluß des dritten Jahres wiederum die einjährigen einfachen Zinsen von x und die einfachen Zinsen von den einfachen Zinsen der beiden ersten Jahre, also $\frac{z}{100}x + \frac{z}{100}\left(2\frac{z}{100}x\right) = \frac{z}{100}x + 2\left(\frac{z}{100}\right)^2 x$,

4) ebenso am Schluß des vierten Jahres . . . . $= \frac{z}{100}x + 3\left(\frac{z}{100}\right)^2 x$,

u. s. w.

und am Schluß des $n$ten Jahres . . . . $= \frac{z}{100}x + (n-1)\left(\frac{z}{100}\right)^2 x$,

---

die Summe aller in den n Jahren gesammelten Zinsen beträgt also

$$n\frac{z}{100}x+\left(\frac{z}{100}\right)^2x+2\left(\frac{z}{100}\right)^2x+3\left(\frac{z}{100}\right)^2x+\ldots+(n-1)\left(\frac{z}{100}\right)^2x$$

$$=n\frac{z}{100}x+[1+2+3+\ldots+(n-1)]\left(\frac{z}{100}\right)^2x$$

$$=\left[n\frac{z}{100}+\left(\frac{n(n-1)}{2}\right)\left(\frac{z}{100}\right)^2\right]x\text{*)},\text{ oder}$$

$$=\left[n\frac{z}{100}+n\frac{z}{100}\left(\frac{(n-1)z}{2.100}\right)\right]x$$

$$=\frac{nz}{100}\left(1+\frac{z(n-1)}{200}\right)x,$$

und das Kapital mit den Zinsen ist demnach

$$=x+\frac{nz}{100}\left(1+\frac{z(n-1)}{200}\right)x.$$

Nun muß aber das Kapital x mit den Zinsen davon gerade so groß als K sein, daher

$$x+\frac{nz}{100}\left(1+\frac{z(n-1)}{200}\right)x=K,\text{ oder}$$

$$x\left[1+\frac{nz}{100}\left(1+\frac{z(n-1)}{200}\right)\right]=K,\text{ folglich}$$

$$\text{(I. }a\text{)}\quad x=\frac{K}{1+\frac{nz}{100}\left(1+\frac{z(n-1)}{200}\right)}.$$

Beispiel. Wie viel Kapital x muß man erhalten, um damit und mit den Zinsen davon, letztere zu 5 Procent berech-

*) Nach der Lehre von den arithmetischen Reihen erhält man nemlich die Summe von $1+2+3+\ldots+(n-1)$, wenn man das erste Glied $=1$ und das letzte Glied $=n-1$ addirt, diese Summe mit der Anzahl der Glieder $=n-1$ multiplicirt, und dieses Produkt durch 2 dividirt, man kann daher statt jener Reihe, $\frac{(1+n-1)(n-1)}{2}=\frac{n(n-1)}{2}$ in die Formel setzen.

net, einen zu 6000 Thlr. veranschlagten Neubau nach Verlauf von 20 Jahren ausführen zu können?

Hier ist $n = 20$ Jahre,
$K = 6000$ Thlr., und
$z = 5$, daher

$$x = \frac{6000}{1 + \frac{20.5}{100}\left(1 + \frac{5(20-1)}{200}\right)},$$

$$x = \frac{6000}{1 + \left(1 + \frac{5.19}{200}\right)} = \frac{6000}{2 + \frac{19}{40}} = \frac{6000}{\frac{99}{40}} = \frac{6000.40}{99},$$

$$x = \frac{80000}{33} = 2424{,}2424 \ldots \text{ Thlr., oder}$$

$x = 2424$ Thlr. 7 Sgr. 3,27 .... Pf.

Sollte der Neubau sogleich eintreten, so wird in der Formel (I. a.) $n = 0$, also der ganze Ausdruck

$$1 + \frac{nz}{100}\left(1 + \frac{z(n-1)}{200}\right) = 1,$$

und weil die Division durch 1 den Werth von K unverändert läßt

$$(\text{I. } b.) \quad x = K,$$

d. h. das Ablösungs-Kapital ist dann der Bau-Summe gleich.

B) Müßte ein Gebäude nach Ablauf von n Jahren, und demnächst noch einmal nach m Jahren, jedesmal mit einer Summe K neu errichtet werden; wie viel wird dann das Ablösungs-Kapital x betragen, um mit demselben und den davon gesammelten Zinsen, nach dem Zinsfuße z, beide Neubaue zu seiner Zeit bewirken zu können?

Sobald der erste Neubau eintritt, muß man nicht nur die Summe K, sondern noch soviel darüber haben, um mit diesem Ueberschuß und den Zinsen davon nach m Jahren auch den zweiten Neubau bewerkstelligen zu können. Setzt man diesen Ueberschuß $= P$, so betragen nach A die m jährigen Zinsen davon $\frac{mz}{100}\left(1+\frac{z(m-1)}{200}\right)P$, und weil

$$P+\frac{mz}{100}\left(1+\frac{z(m-1)}{200}\right)P=K$$

sein muß, so ergiebt sich daraus

$$P=\frac{K}{1+\frac{mz}{100}\left(1+\frac{z(m-1)}{200}\right)}.$$

Nach n Jahren muß also überhaupt eine Summe

$$=K+\frac{K}{1+\frac{mz}{100}\left(1+\frac{z(m-1)}{200}\right)}$$

vorhanden sein, und diese entspricht nach (I. a.) einem jetzigen Ablösungs-Kapital

$$x=\frac{K+\frac{K}{1+\frac{mz}{100}\left(1+\frac{z(m-1)}{200}\right)}}{1+\frac{nz}{100}\left(1+\frac{z(n-1)}{200}\right)}\ \text{[I.], oder}$$

$$\text{(II.)}\quad x=\frac{\left[2+\frac{mz}{100}\left(1+\frac{m-1}{200}z\right)\right]K}{\left[1+\frac{nz}{100}\left(1+\frac{n-1}{200}z\right)\right]\left[1+\frac{mz}{100}\left(1+\frac{m-1}{200}z\right)\right]}.$$

Beispiel. Es sei $n=$ 20 Jahre,
$m=100$ Jahre,
$K=6000$ Thlr., und
$z=5$, so wird

$$x = \frac{\left[2+\frac{100.5}{100}\left(1+\frac{99.5}{200}\right)\right].6000}{\left[1+\frac{20.5}{100}\left(1+\frac{19.5}{200}\right)\right]\left[1+\frac{100.5}{100}\left(1+\frac{99.5}{200}\right)\right]},$$

$$x = \frac{\left(2+5.\frac{139}{40}\right).6000}{\left(2+\frac{19}{40}\right)\left(6+\frac{495}{40}\right)} = \frac{\frac{775}{40}.6000}{\frac{99}{40}.\frac{735}{40}},$$

$$x = \frac{775.6000.40}{99.735} = \frac{155.2000.40}{33.147} = \frac{12400000}{4851} = 2556\frac{844}{4851},$$

oder

$x = 2556$ Thlr. 5 Sgr. 2,63 .... Pf.

C) Sollte ein Gebäude nach n Jahren, und demnächst noch zweimal nach resp. m und m Jahren, jedesmal mit einer gleich großen Summe K neu gebaut werden; auf wie hoch muß sich dann das Ablösungs-Kapital x belaufen, um davon und von den nach dem Zinsfuße z gesammelten Zinsen desselben alle 3 Neubaue beschaffen zu können?

Hier wird ähnlich und aus gleichen Gründen wie ad *B*, nach [I.]

$$x = \frac{K + \frac{K + \frac{K}{1+\frac{mz}{100}\left(1+\frac{z(m-1)}{200}\right)}}{1+\frac{mz}{100}\left(1+\frac{z(m-1)}{200}\right)}}{1+\frac{nz}{100}\left(1+\frac{z(n-1)}{200}\right)},$$

oder, wenn man

$\frac{mz}{100}\left(1+\frac{(m-1)z}{200}\right) = M$ und $\frac{nz}{100}\left(1+\frac{(n-1)z}{200}\right) = N$ setzt,

$$x = \frac{K + \frac{K + \frac{K}{1+M}}{1+M}}{1+N}, \text{ oder}$$

$$\text{(III.)} \quad x = \frac{3+3M+M^2}{(1+N)(1+M)^2} K.$$

Beispiel. Es sei wiederum $n = 20$ Jahre,
$m = 100$ Jahre,
$K = 6000$ Thlr., und
$z = 5$, so wird

$$M = \frac{100.5}{100}\left(1+\frac{(100-1)5}{200}\right) = \frac{139}{8}, \text{ also } M^2 = \frac{19321}{64} \text{ und}$$

$$N = \frac{20.5}{100}\left(1+\frac{(20-1)5}{200}\right) = \frac{59}{40}, \text{ daher}$$

$$x = \frac{\left(3+\frac{3.139}{8}+\frac{19321}{64}\right).6000}{\left(1+\frac{59}{40}\right)\left(1+\frac{139}{8}\right)^2},$$

$$x = \frac{1827920000}{713097} = 2563{,}3539\ldots, \text{ oder}$$

$x = 2563$ Thlr. 10 Sgr. 7,41 .... Pf.

D) Wäre endlich ein Gebäude nach n Jahren, und ferner alle m Jahre, also bis in ewige Zeiten, jedesmal mit einer gleich großen Summe K neu zu bauen; man soll das Ablösungs-Kapital x ermitteln, welches erforderlich ist, um mit demselben und den Zinsen davon, nach dem Zinsfuße z, alle diese Neubaue nach und nach zu vollführen?

In diesem Falle muß zu Ende der ersten Bau-Periode nicht nur die Bau-Summe K, sondern auch noch ein Ueberschuß $= P$ vorhanden sein, der grade so groß ist, daß die davon gesammelten Zinsen allein, jedesmal nach Verlauf von m Jahren wiederum K gleich kommen.

Nun betragen aber nach A die $m$jährigen Zinsen von dem Ueberschuß P, $= \frac{mz}{100}\left(1+\frac{z(m-1)}{200}\right)P$; und weil $\frac{mz}{100}\left(1+\frac{z(m-1)}{200}\right)P = K$ sein muß, so ist

$$P = \frac{K}{\frac{mz}{100}\left(1+\frac{z(m-1)}{200}\right)},$$

und folglich $K+P = K + \frac{K}{\frac{mz}{100}\left(1+\frac{z(m-1)}{200}\right)}$ die am Schlusse der ersten Bau-Periode von n Jahren erforderliche Summe, woraus sich nach [I.]

$$x = \frac{K + \frac{K}{\frac{mz}{100}\left(1+\frac{z(m-1)}{200}\right)}}{1+\frac{nz}{100}\left(1+\frac{z(n-1)}{200}\right)} \text{ [II.], oder}$$

(IV. a.) $x = \frac{(1+M)K}{(1+N)M}$ ergiebt, und wo M und N die ad C) gegebene Bedeutung behalten.

Beispiel. Setzt man wiederum $n = 20$ Jahre,
$m = 100$ Jahre,
$K = 6000$ Thlr., und
$z = 5$, so ist

$$x = \frac{\left(1+\frac{139}{8}\right).6000}{\left(1+\frac{59}{40}\right).\frac{139}{8}},$$

$$x = \frac{40(8+139).6000}{99.139} = \frac{40.49.2000}{11.139} = \frac{3920000}{1529}$$

$$= 2563\frac{1173}{1529}, \text{ oder}$$

$x = 2563$ Thlr. 23 Sgr. 0,18 .... Pf.

Angenommen der erste Neubau müßte sogleich eintreten, so wird $n = 0$, also in vorstehender Formel [II.] der Ausdruck $1 + \frac{nz}{100}\left(1 + \frac{z(n-1)}{200}\right) = 1$, und, weil die Division durch 1 den Werth unverändert läßt,

$$x = K + \frac{K}{\frac{mz}{100}\left(1 + \frac{z(m-1)}{200}\right)}, \text{ oder}$$

$$\text{(IV. } b.\text{)} \qquad x = \frac{1+M}{M}K.$$

Beispiel. Bei gleichen Werthen für m, K und z, wie im vorigen Beispiele, wird

$$x = \frac{1 + \frac{139}{8}}{\frac{139}{8}}.6000,$$

$$x = \frac{8+139}{139}.6000 = \frac{147.6000}{139} = \frac{882000}{139} = 6345\frac{45}{139}, \text{ oder}$$

$x = 6345$ Thlr. 9 Sgr. 8,54 .... Pf.

Ist hingegen das Gebäude eben erst neu gebaut, und der erste Neubau braucht daher erst nach m Jahren vorgenommen zu werden, so wird $n = m$, also aus vorstehender Formel [II.]

$$x = \frac{K + \frac{K}{\frac{mz}{100}\left(1 + \frac{z(m-1)}{200}\right)}}{1 + \frac{mz}{100}\left(1 + \frac{z(m-1)}{200}\right)},$$

oder, wenn man diesen Ausdruck im Zähler und Nenner mit $\frac{mz}{100}\left(1+\frac{z(m-1)}{200}\right)$ multiplicirt,

$$x=\frac{\left[1+\frac{mz}{100}\left(1+\frac{z(m-1)}{200}\right)\right]K}{\left[1+\frac{mz}{100}\left(1+\frac{z(m-1)}{200}\right)\right]\left[\frac{mz}{100}\left(1+\frac{z(m-1)}{200}\right)\right]},$$

$$x=\frac{K}{\frac{mz}{100}\left(1+\frac{z(m-1)}{200}\right)},\text{ oder}$$

$$\text{(IV. } c.) \qquad x=\frac{K}{M}.$$

Beispiel. Bei gleichen Werthen für m, K und z, wie in den früheren Beispielen, wird

$$x=\frac{6000}{\frac{139}{8}}=\frac{6000\,.\,8}{139}=\frac{48000}{139}=345\frac{45}{139},\text{ oder}$$

$x=345$ Thlr. 9 Sgr. 8,54.... Pf.

§. 10.
Ablösungs-Kapitalien von Neubauen mit Rücksicht auf Zinses-Zinsen.

Wird aus irgend einem Grunde die Ermittelung des Ablösungs-Kapitals in der Art verlangt, daß nicht allein einfache Zinsen, sondern von den Zinsen immer wieder Zinsen mit zur Berechnung gezogen werden sollen, so lassen sich hierunter ebenfalls folgende, dem §. 8. ähnliche Fragen stellen.

A) Der Neubau eines Gebäudes erfordere die Summe K, und dieser müßte nach technischem Gutachten, nach Ablauf von n Jahren vorgenommen werden. Wie viel wird das Ablösungs-Kapital x betragen, um damit und mit den Zinses-

Zinsen, nach dem Zinsfuße z, das Gebäude zur bestimmten Zeit aufführen zu können?

Am Ende des ersten Jahres belaufen sich die Zinsen von x auf $\frac{z}{100}x$, das Ablösungs-Kapital mit den Zinsen beträgt also dann . . . . $x+\frac{z}{100}x=\left(1+\frac{z}{100}\right)x$;
am Ende des zweiten Jahres beträgt das Kapital $\left(1+\frac{z}{100}\right)x$ und mit den Zinsen hiervon

$$\left(1+\frac{z}{100}\right)x+\frac{z}{100}\left(1+\frac{z}{100}\right)x$$
$$=\left(1+\frac{z}{100}\right)\left(1+\frac{z}{100}\right)x=\left(1+\frac{z}{100}\right)^2x\text{*)};$$

am Ende des dritten Jahres beträgt das Kapital mit den Zinsen

$$\left(1+\frac{z}{100}\right)^2x+\frac{z}{100}\left(1+\frac{z}{100}\right)^2x$$
$$=\left(1+\frac{z}{100}\right)^2\left(1+\frac{z}{100}\right)x=\left(1+\frac{z}{100}\right)^3x;$$

ebenso am Ende des vierten Jahres

$$\left(1+\frac{z}{100}\right)^3x+\frac{z}{100}\left(1+\frac{z}{100}\right)^3x$$
$$=\left(1+\frac{z}{100}\right)^3\left(1+\frac{z}{100}\right)x=\left(1+\frac{z}{100}\right)^4x;$$

u. s. w.

und am Ende des $n$ten Jahres . . . $=\left(1+\frac{z}{100}\right)^nx$.

---

*) Es ist nemlich

$$\left(1+\frac{z}{100}\right)x+\frac{z}{100}\left(1+\frac{z}{100}\right)x=x+\frac{z}{100}x+\frac{z}{100}x+\left(\frac{z}{100}\right)^2x$$
$$=\left[1+2\frac{z}{100}+\left(\frac{z}{100}\right)^2\right]x$$
$$=\left(1+\frac{z}{100}\right)\left(1+\frac{z}{100}\right)x.$$

Nun muß die Bau-Summe K dem Ablösungs-Kapital x mit den während der n Jahre davon gesammelten Zinses-Zinsen gleich sein; es ist daher

$$K = \left(1 + \frac{z}{100}\right)^n x, \text{ oder}$$

$$(\text{I. } a.) \quad x = \frac{K}{\left(1 + \frac{z}{100}\right)^n}.$$

Beispiel. Nach Verlauf von 20 Jahren soll ein Bau zum Werthe von 6000 Thlr. bewirkt werden; man will das Ablösungs-Kapital x wissen, welches mit seinen Zinses-Zinsen für die Periode n, nach dem Zinsfuße von 5 Procent, der Bau-Summe entspricht?

Hier ist $n = 20$ Jahre,
$K = 6000$ Thlr., und
$z = 5$, daher

$$x = \frac{6000}{\left(1 + \frac{5}{100}\right)^{20}} = \frac{6000}{\left(\frac{21}{20}\right)^{20}};$$

nun ist, wenn man sich zur Erleichterung der Rechnung der Logarithmen bedient,

$$\log \left(\frac{21}{20}\right)^{20} = 20(\log 21 - \log 20) = \log 2{,}6533 \ldots, \text{*)},$$

*) Es ist nemlich $\log 21 = 1{,}3222193$
$\log 20 = 1{,}3010300$
$\log 21 - \log 20 = 0{,}0211893$
mit 20 multiplicirt 20
$20(\log 21 - \log 20) = 0{,}4237806 = \log 2{,}6533 \ldots$
mithin $\left(\frac{21}{20}\right)^{20} = 2{,}6533 \ldots$

folglich

$$x = \frac{6000}{2,6533\ldots}, \text{ oder}$$

$$x = 2261 \text{ Thlr. } 10 \text{ Sgr. } 0,58\ldots \text{ Pf.}$$

Wäre der Neubau sogleich nothwendig, so wird $n = 0$, also in der Formel (I. *a.*) der Ausdruck $\left(1+\frac{z}{100}\right)^n = 1$, folglich

$$(\text{I. } b.) \quad x = K;$$

d. h. das Ablösungs-Kapital ist dann der Bau-Summe gleich.

B) Ein Bauwerk soll nach Verlauf von n Jahren mit einer Summe K neu errichtet, demnächst aber nach Verlauf von m Jahren mit einer gleichen Summe noch einmal erneuert werden; auf wie hoch wird sich das Ablösungs-Kapital x belaufen müssen, um hiermit und mit den Zinses-Zinsen davon, nach dem Zinsfuß z, nach resp. n und m Jahren die beiden Neubaue vollführen zu können?

Nach Vollendung des ersten Neubaues, der die Summe K kostet, muß noch soviel Geld im Bestande sein, daß damit und mit den Zinses-Zinsen davon, nach Ablauf der nun folgenden m Jahre, der zweite Neubau unternommen werden kann.

Nun ist hiezu ein Bestand $= \frac{K}{\left(1+\frac{z}{100}\right)^m}$ nöthig, man muß also zu Ende des $n$ten Jahres, wo der erste Neubau eintreten soll, überhaupt $K + \frac{K}{\left(1+\frac{z}{100}\right)^m}$ haben, woraus sich nach (I. *a.*) ergiebt

$$x = \frac{K + \frac{K}{\left(1+\frac{z}{100}\right)^m}}{\left(1+\frac{z}{100}\right)^n} \text{ [I.], oder}$$

$$\text{(II.)} \quad x = \frac{1+\left(1+\frac{z}{100}\right)^m}{\left(1+\frac{z}{100}\right)^n\left(1+\frac{z}{100}\right)^m} . K.$$

Beispiel. Es sei $n = 20$ Jahre,
$m = 100$ Jahre,
$K = 6000$ Thlr., und
$z = 5$, so wird

$$x = \frac{1+\left(1+\frac{5}{100}\right)^{100}}{\left(1+\frac{5}{100}\right)^{20}\left(1+\frac{5}{100}\right)^{100}} . 6000,$$

$$x = \frac{(1+131{,}5012\ldots).6000}{2{,}6533\ldots \times 131{,}5012\ldots} = \frac{795007{,}2\ldots}{348{,}9121\ldots},$$

$x = 2278{,}53127\ldots$ Thlr., oder

$x = 2278$ Thlr. 15 Sgr. $11{,}24\ldots$ Pf.

C) Wäre nach Verlauf von n Jahren und demnächst noch zweimal nach resp. m und m Jahren ein Gebäude jedesmal mit der Summe K zu erneuern; wie viel Ablösungs-Kapital x ist erforderlich, um damit und mit den Zinses-Zinsen davon, nach dem Zinsfuße z, alle drei Neubaue ausführen zu können?

Alsdann wird nach [I.]

$$x = \frac{K + \dfrac{K + \dfrac{K}{\left(1+\frac{z}{100}\right)^m}}{\left(1+\frac{z}{100}\right)^m}}{\left(1+\frac{z}{100}\right)^n}, \text{ oder}$$

$$\text{(III.)} \quad x = \frac{1+\left(1+\frac{z}{100}\right)^m+\left(1+\frac{z}{100}\right)^{2m}}{\left(1+\frac{z}{100}\right)^n\left(1+\frac{z}{100}\right)^{2m}} . K.$$

Beispiel. Es sei wiederum $n = 20$ Jahre,
$m = 100$ Jahre,
$K = 6000$ Thlr., und
$z = 5$, so ist

$$x = \frac{1+\left(1+\frac{5}{100}\right)^{100}+\left(1+\frac{5}{100}\right)^{2.100}}{\left(1+\frac{5}{100}\right)^{20}\left(1+\frac{5}{100}\right)^{2.100}} . 6000,$$

$$x = \frac{1+131,5012\ldots.+17292,58\ldots.}{2,6533\ldots. \times 17292,58\ldots.} . 6000,$$

$x = 2278,6637\ldots.$, oder

$x = 2278$ Thlr. 19 Sgr. 10,94.... Pf.

D) Endlich soll ein Gebäude nach *n* Jahren, und demnächst alle *m* Jahre, also bis in ewige Zeiten, jedesmal mit einer gleich großen Summe *K* neu gebaut werden; wie groß muß das Ablösungs-Kapital *x* sein, um mit demselben und den Zinses-Zinsen davon, nach dem Zinsfuße *z*, alle diese Neubaue nach und nach bestreiten zu können?

Am Schluß einer jeden Bau-Periode muß außer der Bau-Summe K ein Ueberschuß verbleiben, der groß genug ist, mit seinen Zinses-Zinsen von m zu m Jahren wiederum K und einen gleichen Ueberschuß zu geben.

Bezeichnet man diesen Ueberschuß mit P, so müssen die $m$jährigen Zinsen von P allein der Bau-Summe K gleich sein, so daß immer P zur ferneren $m$jährigen Zinsen-Sammlung $= K$ übrig bleibt.

Nun ist P mit seinen $m$jährigen Zinsen $= P\left(1+\frac{z}{100}\right)^m$; die Zinsen allein betragen also

$P\left(1+\frac{z}{100}\right)^m - P$, oder

$P\left[\left(1+\frac{z}{100}\right)^m - 1\right]$; es muß aber

$P\left[\left(1+\frac{z}{100}\right)^m - 1\right] = K$ sein, daher ist

$P = \frac{K}{\left(1+\frac{z}{100}\right)^m - 1}$, und also nach Verlauf der ersten Bau-Periode von n Jahren überhaupt eine Summe

$= K + \frac{K}{\left(1+\frac{z}{100}\right)^m - 1}$ erforderlich,

Folglich ist nach [I.]

$$x = \frac{K + \frac{K}{\left(1+\frac{z}{100}\right)^m - 1}}{\left(1+\frac{z}{100}\right)^n} \text{ [II.], oder}$$

(IV. *a.*) $$x = \frac{\left(1+\frac{z}{100}\right)^m . K}{\left(1+\frac{z}{100}\right)^n \left[\left(1+\frac{z}{100}\right)^m - 1\right]}.$$

Beispiel. Setzt man wie früher $n = 20$ Jahre,
$m = 100$ Jahre,
$K = 6000$ Thlr., und
$z = 5$ so wird

$$x = \frac{\left(1+\frac{5}{100}\right)^{100} . 6000}{\left(1+\frac{5}{100}\right)^{20} \left[\left(1+\frac{5}{100}\right)^{100} - 1\right]}$$

$$= \frac{131{,}5012\ldots \times 6000}{2{,}6533\ldots \times 130{,}5012\ldots},$$

$$x = \frac{789007{,}62\ldots}{346{,}2587\ldots} = 2278{,}6647\ldots, \text{ oder}$$

$x = 2278$ Thlr. 19 Sgr. 11,3.... Pf.

Müßte der erste Neubau sogleich statt finden, so wird $n = 0$, also in der vorstehenden Formel [II.] der Ausdruck $\left(1+\frac{z}{100}\right)^n = 1$, daher

$$x = K + \frac{K}{\left(1+\frac{z}{100}\right)^m - 1}, \text{ oder}$$

(VI. *b.*) $$x = \frac{\left(1+\frac{z}{100}\right)^m . K}{\left(1+\frac{z}{100}\right)^m - 1}.$$

Beispiel. Unter Beibehaltung der im vorigen Beispiel angenommenen Werthe von m, K und z wird

$$x = \frac{\left(1+\frac{5}{100}\right)^{100} . 6000}{\left(1+\frac{5}{100}\right)^{100} - 1} = \frac{131,5012.6000}{130,5012\ldots} = 6045,9765\ldots,$$

oder

$$x = 6045 \text{ Thl. } 29 \text{ Sgr. } 3,56 \text{ Pf.}$$

Wäre dagegen das Gebäude so eben neu gebaut, und der erste Neubau fände daher erst nach m Jahren statt, so wird $n = m$, und aus [II.]

$$x = \frac{K + \frac{K}{\left(1+\frac{z}{100}\right)^{m} - 1}}{\left(1+\frac{z}{100}\right)^{m}},$$

oder, wenn man Zähler und Nenner mit $\left(1+\frac{z}{100}\right)^{m} - 1$ multiplicirt,

$$x = \frac{\left[\left(1+\frac{z}{100}\right)^{m} - 1\right] K + K}{\left[\left(1+\frac{z}{100}\right)^{m} - 1\right]\left(1+\frac{z}{100}\right)^{m}},$$

$$x = \frac{\left(1+\frac{z}{100}\right)^{m} - 1 + 1}{\left[\left(1+\frac{z}{100}\right)^{m} - 1\right]\left(1+\frac{z}{100}\right)^{m}} K, \text{ oder}$$

(IV. *c.*) $$x = \frac{K}{\left(1+\frac{z}{100}\right)^{m} - 1}.$$

Beispiel. Werden wiederum die früheren Werthe für m, K und z beibehalten, so ist

$$x = \frac{6000}{\left(1+\frac{5}{100}\right)^{100}-1} = \frac{6000}{130{,}5012\ldots\ldots} = 45{,}9765\ldots\ldots;$$

oder

$$x = 45 \text{ Thlr. } 29 \text{ Sgr. } 3{,}56 \text{ Pf.}$$

§. 11.

Vergleichung der Ablösungs-Kapitalien von Neubauen.

In den §. §. 8. 9. und 10. aufgeführten Beispielen sind für n, m, K und z überall gleiche Werthe angenommen worden, um die verschiedenen Resultate, je nachdem auf eine oder mehrere Bau-Perioden, auf einfache Zinsen, auf einfache mit einfachen Zinsen, oder auf Zinses-Zinsen gerücksichtigt ist, besser übersehen und vergleichen zu können, wie dies in der folgenden Zusammenstellung geschehen ist.

Zusammenstellung

der in den Beispielen der §. §. 8. 9. und 10. gefundenen Ablösungs=Kapitalien für eine Bau=Summe von 6000 Thlr. bei Zugrundelegung des Zinsfußes von 5 Procent.

Nach den Formeln.	Der Neubau findet statt	bei einfachen Zinsen,			bei einfachen mit einfachen Zinsen,			bei Zinses=Zinsen.		
Nro.		Rthlr.	Sgr.	Pf.	Rthlr.	Sgr.	Pf.	Rthlr.	Sgr.	Pf.
I.	nach 20 Jahren . . .	3000	—	—	2424	7	3,27...	2261	10	0,58...
II.	nach 20 Jahren und noch einmal nach 100 Jahren	3500	—	—	2556	5	2,63...	2287	15	11,24...
III.	nach 20 Jahren und noch zweimal nach resp. 100 und 100 Jahren . . .	3583	10	—	2563	10	7,41...	2287	19	10,94...
IV. *a.*	nach 20 Jahren und demnächst alle 100 Jahre	3600	—	—	2563	23	0,18...	2287	19	11,3....
IV. *b.*	sogleich und demnächst alle 100 Jahre . . .	7200	—	—	6345	9	8,54...	6045	29	3,56...
IV. *c.*	erst nach 100 Jahren und demnächst alle 100 Jahre	1200	—	—	345	9	8,54...	45	29	3,56...

Q

Man sieht hieraus im Allgemeinen, daß die Ablösungs-Kapitalien mit der Vergrößerung der Zahl der Bau-Perioden sich im Ganzen nur unbedeutend erhöhen, dagegen bei Weitem geringer ausfallen, wenn statt der einfachen Zinsen, einfache Zinsen mit einfachen Zinsen davon, oder gar Zinses-Zinsen in Rechnung gestellt werden *).

Ebenso geht daraus hervor, daß, je später der erste Neubau eintritt, und überhaupt je größer die Bau-Perioden werden, je kleiner das Ablösungs-Kapital ausfällt, weil alsdann die Divisoren in den Formeln größer, also die Quotienten kleiner werden.

Ferner läßt sich aus den entwickelten Formeln leicht ersehen, daß, je geringer der Zinsfuß angenommen wird, je größer das Ablösungs-Kapital sein muß, um nach Verlauf eines gewissen Zeitraums dieselbe Bau-Summe zu erhalten. So würde z. B. in dem §. 8. *A*) gegebenen Beispiele das mit Rücksicht auf 5 Procent Zinsen ermittelte Ablösungs-Kapital von 3000 Thlr., auf 3333⅓ Thlr. erhöht werden müssen, wenn man nur 4 Procent Zinsen in Rechnung stellt, um nach Verlauf von 20 Jahren die Bau-Summe von 6000 Thlr. zusammen zu haben.

---

*) Ein Kapital verdoppelt sich, und zwar:

a) bei einfachen Zinsen zu 4 Procent . . . . in 25 Jahren;
b) bei einfachen Zinsen mit einfachen Zinsen davon zu 4 Procent . . . . in etwa 18½ Jahren;
c) bei Zinses-Zinsen zu 4 Procent . . in etwa 17⅔ Jahren;

und

a) bei einfachen Zinsen zu 5 Procent . . . . in 20 Jahren;
b) bei einfachen Zinsen mit einfachen Zinsen davon zu 5 Procent . . . . in etwa 14⅘ Jahren;
c) bei Zinses-Zinsen zu 5 Procent . . in etwa 14⅕ Jahren.

§. 12.
Ermittelung der Ablösungs-Kapitalien von Reparaturen.

Hat Jemand bei Regulirung irgend eines Geschäfts die Verpflichtung übernommen, das vorhandene, des Neubaues noch nicht bedürfende Gebäude eines Andern noch einmal in guten Stand setzen zu lassen, oder letztern deshalb mit Gelde zu entschädigen, so unterliegt diese Ermittelung keiner Schwierigkeit, weil die erforderlichen Reparaturen mit Rücksicht auf die örtlichen Verhältnisse nur speciell veranschlagt werden dürfen, wo denn die Anschlags-Summe das Ablösungs-Kapital ergiebt.

Ist diese Verpflichtung aber dahin ausgedehnt, daß der Belastete alle von Zeit zu Zeit nöthig werdenden Reparaturen bewirken muß, und der Berechtigte soll dafür mit Kapital abgefunden werden, so kommt es zunächst nach §. 3. auf die Feststellung des der Neubau-Summe entsprechenden Procentsatzes $= \beta$ für die im Durchschnitt jährlich erforderlichen Reparaturen und auf die Bestimmung der Bau-Summe selbst an.

Wird nun, wie früher, die Neubau-Summe mit K bezeichnet, so betragen die jährlichen Reparaturkosten $\frac{\beta}{100}K$; und dieser Aufwand nach dem Zinsfuße z zu Kapital berechnet, d. h. mit 100 multiplicirt und durch z dividirt, giebt das Ablösungs-Kapital x, oder

$$x = \frac{\beta}{100} K . \frac{100}{z}, \text{ oder}$$

$$\text{(I.)} \quad x = \frac{\beta}{z} K.$$

Beispiel. Die Reparaturen eines Gebäudes kosten im Durchschnitt jährlich $1\frac{1}{2}$ Procent der sich auf 6000 Thlr. belaufenden Neubau-Summe; wie viel Ablösungs-Kapital x, mit Rücksicht auf den Zinsfuß von 5 Procent, wird der zur Reparatur Verpflichtete dem Berechtigten gewähren müssen, um für immer die Reparatur-Last los zu sein?

Hier ist $\beta = 1\frac{1}{2}$,
$z = 5$, und
$K = 6000$ Thlr., daher

$$x = \frac{1\frac{1}{2}}{5} . 6000, \text{ oder}$$

$$x = 1800 \text{ Thlr.}$$

Bei Ermittelung der Ablösungs-Kapitalien von Reparaturen darf man übrigens niemals von den jährlichen Reparaturkosten $\frac{\beta}{100} K$ noch besondere Zinsen in Anrechnung bringen, denn sie selbst bilden schon die Zinsen und können auch nicht auf Zinsen ausgethan werden, theils weil sie fast jährlich absorbirt werden, theils aber zu unvorhergesehenen Fällen disponible gehalten werden müssen. In dieser Beziehung tritt also hier ein verändertes Verhältniß gegen das bei Ermittelung der Ablösungs-Kapitalien von Neubauen ein.

Sollte es demohngeachtet in einzelnen Fällen ausdrücklich verlangt werden, daß auch von den Reparaturkosten noch besondere Zinsen in Rechnung gestellt werden, so sind nothwendig zwei Kathegorien von Reparaturen anzunehmen, nemlich:

a) solche, welche mehr oder weniger alle Jahr oder doch alle 2 bis 3 Jahre an jedem Gebäude oder Bauwerk in ziemlich gleichem Maaße vorkommen, als z. B. bei Wohnhäusern, Scheunen, Ställen die Reparatur der Fenster, Thüren, Schlösser, Verzwickung der Fundamente, Ausbesserung der Dächer u. s. w., oder bei Brücken, welche stark befahren werden, die Ausbesserung des Belags; und

b) solche, welche innerhalb der Periode von einem Neubau bis zum andern nur in größeren Zwischenräumen von 4, 5, 10, 15, 20, 24, 30 u. s. w. Jahren vorkommen, innerhalb derselben aber nicht zu vermeiden sind, wenn das Gebäude erst nach dem angenommenen Zeitraume wieder ganz neu erbaut werden soll, als z. B. bei Wohnhäusern, Scheunen, Ställen die Verschwellungen, die Neudeckung oder doch gänzliche Umdeckung der Dächer, die Fußbodenbedielung, Bedielung der Kornböden u. s. w., oder bei Brücken die Erneuerung der Schälungen, Geländer u. s. w., auch bei denen, welche weniger stark befahren werden, die Erneuerung des Belags u. s. w.

Für die kleinen Reparaturen zu *a* wird dann ein angemessener Procentsatz von der zum Neubau des Gebäudes erforderlichen Summe angenommen, und danach das Ablösungs-Kapital auf die vorstehend angegebene Weise ohne alle Zinsen berechnet; die größeren periodisch vorkommenden Reparaturen zu *b* aber müssen zuvörderst für jeden einzelnen Gegenstand speciell in der Art veranschlagt werden, daß man die Reparaturen von einerlei Dauer in einem Anschlage zusammenfaßt, und dann wird aus jeder Anschlags-Summe und der entsprechenden Dauer der Reparatur das Ablösungs-Kapital mit Rücksicht auf Zinsen ganz ebenso, wie bei den Neubauen gezeigt worden, ermittelt. Die Summe der Resultate zu *a*) und *b*) giebt dann das gesammte Ablösungs-Kapital für die Reparaturlast eines Gebäudes.

Wie schwierig und unzuverlässig es indeß ist, die Perioden, für welche eine gewisse Reparatur vorkommt, und den Umfang der letzteren vorher bestimmen zu wollen, leuchtet aus dem, was §. 1. und 2. im Allgemeinen angeführt worden, ein, und in der Regel wird daher das Verfahren, wonach die sämmtlichen Reparaturen in Procenten von der Neubau-Summe bestimmt und hieraus die Ablösungs-Kapitalien ohne Zinsen-Anrechnung ermittelt werden, aus den dafür angeführten Gründen, vorzuziehen sein, wenngleich sich nicht verkennen läßt, daß auch dieses in Beziehung auf das wirkliche Bedürfniß immer schwankend bleibt.

Ermittelung der Ablösungs-Kapitalien von Neubauen und Reparaturen.

§. 13.

Nachdem in den §. §. 8. 9. 10. und 12. die verschiedenen Fälle, welche bei Ermittelung der Ablösungs-Kapitalien von Neubauen oder von Reparaturen vorkommen können, der bessern Uebersicht wegen getrennt von einander abgehandelt worden sind, wird es leicht werden, auch die vorzulegenden Fragen, bei welchen ein gemischtes Verhältniß stattfindet, zu beantworten. Ein solches gemischtes Verhältniß kommt im praktischen Leben gewöhnlich vor, denn wenn Jemand die Verpflichtung hat, das Gebäude eines Andern periodisch neu zu bauen, so ist in der Regel auch die Last der Reparaturen dadamit verbunden, und der Verpflichtete hat mithin dann das Gebäude fortwährend in einem brauchbaren Zustand zu erhalten.

Die Ermittelung des Ablösungs-Kapitals geschieht dann durch Verbindung der für die Neubaue und für die Reparaturen entwickelten Formeln; je nachdem sie auf den einen oder andern Fall Anwendung finden, wie nachstehende Beispiele verdeutlichen.

§. 14.

A) Ein Gutsbesitzer habe die Verpflichtung, das Gebäude eines Dorf-Einsassen nicht nur in baulichen Würden zu halten, sondern auch alle von Zeit zu Zeit vorkommenden Neubaue desselben zu bestreiten; wie viel Ablösungs-Kapital wird ersterer an letzteren zahlen müssen, damit dieser die Baulast künftig übernehmen kann, der Gutsbesitzer aber gar nichts mehr damit zu thun hat?

Zunächst kommt es auf das Gutachten eines Bauverständigen an:

1) auf wie hoch sich die Neubaukosten des Gebäudes $= K$ belaufen?

2) wie viele Jahre $= n$ das jetzige Gebäude seiner Beschaffenheit nach muthmaßlich noch stehen kann?

3) wie viele Jahre $= m$ das neue Gebäude dauern dürfte? und

4) wie viel Procent $= \beta$ vom Neubauwerthe des Gebäudes im Durchschnitt jährlich auf Reparaturen zu rechnen sind?

Stehen diese Data fest und werden bei dem Ablösungs-Kapital für die Neubaue nur einfache Zinsen angerechnet, überall aber der Zinsfuß z zu Grunde gelegt, so treten für den vorliegenden Fall die Formeln §. 8. (IV. *a*.) und §. 12. (I) in Verbindung, und das gesammte Ablösungs-Kapital x wird sein

$$(\text{I. } a.) \quad x = \left(\frac{1 + \frac{100}{mz}}{\left(1 + \frac{z}{100}\right)^{n}} + \frac{\beta}{z} \right) K.$$

Setzt man nun für die allgemeinen Ausdrücke die denselben entsprechenden Werthe in die Formel, z. B. wie früher

$$m = 100 \text{ Jahre},$$
$$z = 5,$$
$$n = 20 \text{ Jahre},$$
$$\beta = 1\tfrac{1}{2}, \text{ und}$$
$$K = 6000 \text{ Thlr., so ist}$$

$$x = \left(\frac{1 + \frac{100}{100.5}}{1 + \frac{5}{100} 20} + \frac{1\frac{1}{2}}{5} \right) .6000,$$

$$x = \left(\frac{1\frac{1}{5}}{2} + \frac{3}{10} \right) .6000,$$

$$x = 3600 + 1800,$$

$$x = 5400 \text{ Thlr.},$$

das Ablösungs-Kapital würde also 5400 Thlr. betragen.

B) Stände nach sachkundigem Ermessen fest, daß das jetzige Gebäude seiner großen Schadhaftigkeit wegen gar keine Dauer mehr gewähre, sondern sogleich neu gebaut werden muß, so wird oben ad *A*. 2. $n = 0$, und es treten nun die Formeln §. 8. (IV. *b*.) und §. 12. (I.) in Verbindung, daher

$$\text{(I. } b.) \quad x = \left(1 + \frac{100}{m\,z} + \frac{\beta}{z} \right) K,$$

welches Resultat man ebenfalls erhalten hätte, wenn in der ad *A*. (I. *a*.) gefundenen Formel $n = 0$ gesetzt worden wäre.

Hierin beispielsweise die oben angenommenen Werthe gesetzt, giebt

$$x = \left(1 + \frac{100}{100.5} + \frac{1\frac{1}{2}}{5} \right) .6000,$$

$$x = (1\tfrac{1}{5} + \tfrac{3}{10}) . 6000,$$
$$x = 7200 + 1800, \text{ oder}$$
$$x = 9000 \text{ Thlr.}$$

C) Wäre aber $n = m$, also die erste Bau-Periode mit jeder der folgenden gleich groß, so wird aus der Verbindung der Formeln §. 8. (IV. *c.*) und §. 12. (I.), oder auch aus vorstehender Formel (I. *a.*)

$$\text{(I. } c.\text{)} \quad x = \left(\frac{100}{mz} + \frac{\beta}{z}\right) K,$$

und jene Werthe hierin substituirt, giebt

$$x = \left(\frac{100}{100 . 5} + \frac{1\tfrac{1}{2}}{5}\right) . 6000,$$
$$x = (\tfrac{1}{5} + \tfrac{3}{10}) . 6000,$$
$$x = 1200 + 1800, \text{ oder}$$
$$x = 3000 \text{ Thlr.}$$

§. 15.

Erleidet die im vorigen §. gegebene Aufgabe die Abänderung, daß außer den einfachen Zinsen bei der Kapitalberechnung für die Neubaue nochmals einfache Zinsen von jenen Zinsen zur Berechnung kommen sollen, alle übrigen Voraussetzungen aber bleiben dieselben, dann treten die Formeln §. 9. (IV. *a.*) und §. 12. (I.) in Verbindung und es wird

$$\text{(I. } a.\text{)} \quad x = \frac{(1+M) K}{(1+N) M} + \frac{\beta}{z} K.$$

Beispiel. Behält man die früher angenommenen Werthe für *K*, *m*, *n* und *z* bei, so ist

$$x = \frac{\left(1 + \frac{139}{8}\right) . 6000}{\left(1 + \frac{59}{40}\right) . \frac{139}{8}} + \frac{1\tfrac{1}{2}}{5} . 6000,$$

$$x = 2563\frac{1173}{1529} + 1800 = 4363\frac{1173}{1529},$$ oder

$x = 4363$ Thlr. 23 Sgr. 0,18.... Pf.

Hätte aber das vorhandene Gebäude gar keine Dauer mehr, sondern erforderte sofort den Neubau, so wird $n = 0$, und es finden die Formeln §. 9. (IV. *b*.) und §. 12. (I.) Anwendung, daher

$$\text{(I. } b.\text{)} \quad x = \frac{1+M}{M}K + \frac{\beta}{z}K.$$

derselbe Ausdruck, den man erhalten hätte, wenn man in vorstehender Formel (I. *a*.) $n = 0$ gesetzt hätte.

Beispiel. Bei gleichen Werthen für K, m etc.

$$x = \frac{1+\frac{139}{8}}{\frac{139}{8}} . 6000 + \frac{1\frac{1}{2}}{5} . 6000,$$

$$x = 6345\frac{45}{139} + 1800 = 8145\frac{45}{139},$$ oder

$x = 8145$ Thlr. 9 Sgr. 8,54.... Pf.

Ist endlich die erste Bau-Periode mit allen folgenden gleich groß, also $n = m$, so werden die Formeln §. 9. (IV. *c*.) und §. 12. (I.) mit einander verbunden, oder in vorstehender Formel (I. *a*.) wird $n = m$ gesetzt, und dann ist

$$\text{(I. } c.\text{)} \quad x = \frac{K}{M} + \frac{\beta}{z}K.$$

Beispiel. Bei gleichen Werthen für K, m etc.

$$x = \frac{6000}{\frac{139}{8}} + \frac{1\frac{1}{2}}{5}\ 6000,$$

$$x = 345\frac{45}{139} + 1800 = 2145\frac{45}{139},$$ oder

$x = 2145$ Thlr. 9 Sgr. 8,54.... Pf.

§. 16.

Auf ähnliche Weise würde man zu verfahren haben, wenn bei den Ablösungs-Kapitalien für die Neubaue Zinses-Zinsen in Rechnung gebracht werden sollten.

Alsdann treten unter den im §. 14. angenommenen Voraussetzungen die Formeln §. 10. (IV. *a.*) oder (IV. *b.*) oder (IV. *c.*) mit der §. 12. (I.) in Verbindung, und es wird

$$(\text{I. } a.) \qquad x = \frac{\left(1+\frac{z}{100}\right)^m . K}{\left(1+\frac{z}{100}\right)^n \left[\left(1+\frac{z}{100}\right)^m - 1\right]} + \frac{\beta}{z} K.$$

Beispiel Unter Beibehaltung der früher gewählten Werthe für K, m, n, z und β

$$x = \frac{\left(1+\frac{5}{100}\right)^{100} . 6000}{\left(1+\frac{5}{100}\right)^{20} \left[\left(1+\frac{5}{100}\right)^{100} - 1\right]} + \frac{1\frac{1}{2}}{5} . 6000,$$

$x = 2278$ Thlr. 19 Sgr. 11,3... Pf. + 1800 Thlr., oder

$x = 4078$ Thlr. 19 Sgr. 11,3... Pf.,

oder für $n = 0$

$$(\text{I. } b.) \qquad x = \frac{\left(1+\frac{z}{100}\right)^m . K}{\left(1+\frac{z}{100}\right)^m - 1} + \frac{\beta}{z} K.$$

Beispiel. Bei gleichen Werthen für K, m etc. wie oben

$$x = \frac{\left(1+\frac{5}{100}\right)^{100} . 6000}{\left(1+\frac{5}{100}\right)^{100} - 1} + \frac{1\frac{1}{2}}{5} . 6000.$$

$x = 6045$ Thlr. 29 Sgr. 3,36 Pf. + 1800 Thlr., oder

$x = 7845$ Thlr. 29 Sgr. 3,56 Pf.,

oder für $n = m$

$$(\text{I. } c.) \quad x = \frac{K}{\left(1+\frac{z}{100}\right)^m - 1} + \frac{\beta}{z} K.$$

Beispiel. Bei gleichen Werthen für K, m etc. wie oben

$$x = \frac{6000}{\left(1+\frac{5}{100}\right)^{100} - 1} + \frac{1\frac{1}{2}}{5} . 6000,$$

$x =$ 45 Thlr. 29 Sgr. 3,56 Pf. + 1800 Thlr., oder
$x =$ 1845 Thlr. 29 Sgr. 3,56 Pf.

§. 17.

Bei diesen Kapital-Berechnungen ist auf die §. 2. Nro. 5. erwähnten außerordentlichen Umstände keine Rücksicht genommen. Sollen dieselben indeß, was wohl nur selten der Fall sein dürfte, zur Berechnung gezogen werden, so muß, je nachdem die obwaltenden Verhältnisse es erheischen, die Dauer der Gebäude oder der Procentsatz β für die Unterhaltungskosten, oder aber auch vielleicht beides, und zwar erstere angemessen geringer, und letzterer angemessen höher angenommen werden.

Hinsichts der möglicher Weise vorkommenden Feuersbrünste, sofern diese berücksichtigt werden sollen, wird man am sichersten gehen, wenn man die einmal bestimmte Dauer der Gebäude und den Procentsatz für deren Unterhaltung unverändert beibehält, und zu dem danach ermittelten Kapitalwerthe noch denjenigen Kapitalwerth addirt, welcher den nach einer zehnjährigen Fraction jährlich zu leistenden Feuer-Societäts-Beiträgen entspricht; und der dadurch erhalten wird, daß man die letzteren mit 100 multiplicirt und durch z dividirt. Mithin wird, bezeichnet man diese jährlichen Beiträge mit f, der Kapitalwerth davon $= \frac{100}{z} f$ sein.

Nun werden aber die jährlichen Feuer-Societäts-Beiträge f gewöhnlich in Procenten von der Versicherungs-Summe ausgeschrieben, man kann daher, wenn man jene Procente mit y und die Versicherungs-Summe mit F bezeichnet, und weil dann $f = \frac{y}{100} F$ ist, den Kapitalwerth auch durch $\frac{100}{z} \cdot \frac{y}{100} F = \frac{y}{z} F$ ausdrücken, wie es in jedem einzelnen Falle verlangt wird.

Mit Berücksichtigung des möglichen Abbrennens eines Gebäudes würden also die §. 14. (I. *a.*), (I. *b.*) und (I. *c.*) bei einfacher Zinsen-Anrechnung ermittelten Ablösungs-Kapitalien um $f \frac{100}{z}$ oder $\frac{y}{z} F$ zu vergrößern sein, und daher z. B. aus (I. *a.*) §. 14.

$$\text{(I. } a.) \quad x = \left(\frac{1 + \frac{100}{mz}}{1 + \frac{z}{100} n} + \frac{\beta}{z} \right) K + \frac{100}{z} f, \text{ oder auch}$$

$$\text{(I. } b.) \quad x = \left(\frac{1 + \frac{100}{mz}}{1 + \frac{z}{100} n} + \frac{\beta}{z} \right) K + \frac{y}{z} F \text{ werden.}$$

Beispiel. Werden die Werthe von m, z, n, β und K ebenso angenommen, wie in den früheren Beispielen; und die jährlichen Feuer-Societäts-Beiträge hätten von der Summe von 5000 Thlr., womit das Gebäude versichert sein mag, durchschnittlich $\frac{1}{4}$ Procent betragen, so ist hier $y=\frac{1}{4}$ und $F=5000$, daher

$$x=\left(\frac{1+\frac{100}{100.5}}{1+\frac{5}{100}20}+\frac{1\frac{1}{2}}{5}\right).6000+\frac{\frac{1}{4}}{5}.5000,$$

$$x=\left(\frac{1\frac{1}{5}}{2}+\frac{3}{10}\right).6000+\frac{1}{20}.5000.$$

$$x=3600+1800+250, \text{ oder}$$

$$x=5650 \text{ Thlr.}$$

Auf gleiche Weise würde zu den §. 15. (I. *a.*), (I. *b.*) und (I. *c.*) ermittelten Ablösungs-Kapitalien, bei welchen von den einfachen Zinsen nochmals einfache Zinsen berechnet sind, noch $f\frac{100}{z}$ oder $\frac{y}{z}F$ zu addiren sein, sollte der mögliche Fall des Abbrennens in Betracht kommen; und dann wird z. B. aus §. 15 (I. *a.*)

$$\text{(II. a.)}\quad x=\frac{(1+M)K}{(1+N)M}+\frac{\beta}{z}K+\frac{100}{z}f, \text{ oder auch}$$

$$\text{(II. b.)}\quad x=\frac{(1+M)K}{(1+N)M}+\frac{\beta}{z}K+\frac{y}{z}F.$$

Beispiel. Behält man die im vorigen Beispiele für K, m, y, F u. s. w. angenommenen Werthe bei, so wird

$$x=\frac{\left(1+\frac{139}{8}\right).6000}{\left(1+\frac{59}{40}\right).\frac{139}{8}}+\frac{1\frac{1}{2}}{5}.6000+\frac{\frac{1}{4}}{5}.5000,$$

$$x=2563\frac{1173}{1529}+1800+250, \text{ oder}$$

$$x=4613 \text{ Thlr. } 23 \text{ Sgr. } 0{,}18\ldots. \text{ Pf.}$$

Ebenso würden auch die §. 16. (I. *a.*), (I. *b.*) und (I. *c.*) bei Zinses-Zinsen berechneten Ablösungs-Kapitalien in einem solchen Falle um $f\frac{100}{z}$ oder $\frac{\gamma}{z}F$ zu vermehren sein, und z. B. aus (I. *a.*) §. 16.

$$(\text{III}.a.)\quad x = \frac{\left(1+\frac{z}{100}\right)^m K}{\left(1+\frac{z}{100}\right)^n\left[\left(1+\frac{z}{100}\right)^m - 1\right]} + \frac{\beta}{z}K + \frac{100}{z}f,$$

oder auch

$$(\text{III}.b.)\quad x = \frac{\left(1+\frac{z}{100}\right)^m K}{\left(1+\frac{z}{100}\right)^n\left[\left(1+\frac{z}{100}\right)^m - 1\right]} + \frac{\beta}{z}K + \frac{\gamma}{z}F$$

werden.

Beispiel. Unter Beibehaltung der oben gesetzten Werthe für *K*, *m* etc.

$$x = \frac{\left(1+\frac{5}{100}\right)^{100}.6000}{\left(1+\frac{5}{100}\right)^{20}\left[\left(1+\frac{5}{100}\right)^{100} - 1\right]} + \frac{1\frac{1}{2}}{5}.6000 + \frac{\frac{1}{4}}{5}.5000,$$

$x = 2278$ Thlr. 19 Sgr. 11,3... Pf. + 1800 Thlr. + 250 Thlr.,
$x = 4328$ Thlr. 19 Sgr. 11,3... Pf.

§. 18.

Ermittelung der jährlichen Rente von Neubauen und Reparaturen.

In den Fällen, wo der zu den Baulichkeiten Verpflichtete von dem Berechtigten jährliche Natural-Pächte oder sonstige Abgaben zu verlangen hat, erfolgt die Ablösung der Baulast gewöhnlich nicht in Kapital, sondern letztere wird in jährlicher Rente berechnet und der Kürze wegen gleich gegen jene Pächte oder Abgaben compensirt.

Die Berechnung dieser Rente, oder, was einerlei ist, desjenigen Geldbetrags, welcher im Durchschnitt jährlich zur Bestreitung einer gewissen Baulast erforderlich ist, kann ebenso wie bei den Ablösungs-Kapitalien auf dreierlei Weise stattfinden, und zwar so, daß entweder

1) die Rente als ein jährlich zurückzulegendes Kapital betrachtet wird, welches gar keine Zinsen-Nutzung gewährt, also einem Ablösungs-Kapital entspricht, bei dem nur einfache Zinsen in Anrechnung gebracht sind, (§. 7. ad 1.); oder

2) die Rente als ein jährlich zurückzulegendes Kapital betrachtet wird, welches, soweit es sich auf den von Zeit zu Zeit eintretenden Neubau bezieht, einfache Zinsen trägt; denn von dem Theile der Rente, der sich auf die Reparaturen bezieht, dürfen eben so wenig, wie bei den deßfalsigen Ablösungs-Kapitalien, aus den §. 12. angeführten Gründen, Zinsen berechnet werden.

Hiernach entspricht also die Rente einem Ablösungs-Kapital, bei welchem in Rücksicht auf den Neubau einfache Zinsen, und von diesen wiederum einfache Zinsen in Anrechnung gebracht sind (§. 7. ad 2.); oder endlich

3) die Rente als jährlich zurückzulegendes Kapital betrachtet wird, von welchem, soweit es sich auf den von Zeit zu Zeit eintretenden Neubau bezieht, Zinses-Zinsen in Anrechnung gebracht werden, dieselbe also einem Ablösungs-Kapital entspricht, bei dem Zinses-Zinsen berücksichtigt sind (§. 7. ad 3.).

Da nun, wie bereits §. 6. erwähnt, die Rente der jährliche Zinsenbetrag eines Ablösungs-Kapitals ist, so darf man nur die ermittelten Ablösungs-Kapitalien durch $\frac{100}{z}$ dividiren, um die jährliche Rente zu erhalten. Man kann aber auch, ohne weitere Rücksicht auf das Ablösungs-Kapital, die Rente unmittelbar aus den Aufgaben selbst herleiten, und dabei ist, je nachdem die eine oder andere Art der Renten-Ermittelung verlangt wird, folgendermaßen zu verfahren; wobei ausdrücklich bemerkt wird, daß die Rente nicht zu Anfang, sondern allemal zu Ende jeden Jahres als zahlbar in Rechnung kommen muß, weil eine Vorausbezahlung derselben wohl niemals stattfinden dürfte, indem sie immer als Zinsenbetrag eines Kapitals angesehen werden muß, das auf Zinsen ausgethan erst zu Ende des Jahres Nutzen gewährt.

§. 19.

Rente ohne alle Zinsen-Anrechnung.

A) Gesetzt, ein vorhandenes Gebäude habe noch eine Dauer von n Jahren und müsse dann mit einer Summe K neu gebaut werden; demnächst aber kehre nur in Perioden von m zu m Jahren ein Neubau von gleichem Kostenaufwande wieder; ferner sei nach §. 3. der Procentsatz für die Amortisation der Bau-Summe $K, = \alpha$, und der Procentsatz für die Reparaturen, in Beziehung auf die Bau-Summe $K, = \beta$; auf wie hoch wird sich die jährliche Rente $= R$ belaufen müssen, wenn keine Zinsen davon in Rechnung gestellt werden dürfen; dieselbe mithin einem Ablösungs-Kapital entspricht, bei dem einfache Zinsen berechnet sind?

Diese Rente besteht aus:

1) einer jährlichen Rente R', lediglich für den Neubau auf die erste Periode n bestimmt, welche grade so groß sein

muß, um davon und von den in n Jahren gesammelten Amortisations-Kosten der Bau-Summe K, nach Verlauf von n Jahren, den ersten Neubau für die Summe K ausführen zu können;

2) einer jährlichen Rente R'', welche den laufenden Amortisations-Kosten der Bau-Summe K entspricht, um die nach Ablauf der ersten Bau-Periode von m zu m Jahren eintretenden Neubaue bestreiten zu können; und

3) einer jährlichen Rente R''', welche den laufenden Reparaturkosten entspricht.

Es wird also die gesammte Rente $R = R' + R'' + R'''$ [I.] sein.

Nun ist ad 1)

a) die jährliche Rente R' in n Jahren gesammelt . . . . $= R'n$;

b) nach Verlauf der n Jahre braucht sie aber nicht mehr gesammelt zu werden, und sie entspricht also dann einem Kapital . . . . . . $= R' \frac{100}{z}$; und

c) die Amortisationskosten von der Bau-Summe K, welche jährlich $\frac{1}{m} K$ *) betragen, werden in n Jahren angewachsen sein auf $= \frac{1}{m} n K$,

Nach der Annahme ad 1) soll aber die Summe von a), b) und c) $= R'n + R' \frac{100}{z} + \frac{1}{m} n K$

*) Der Procentsatz für die Amortisation der Bau-Summe ist α, daher betragen die Amortisationskosten von K jährlich $\frac{\alpha}{100} K$; es ist aber $\alpha = \frac{100}{m}$, folglich $\frac{\alpha}{100} K = \frac{1}{m} K$.

grade so groß sein, um den ersten Neubau nach n Jahren dafür ausführen zu können, daher

$$R'n + R'\frac{100}{z} + \frac{1}{m}nK = K,$$

$$R'\left(n + \frac{100}{z}\right) + \frac{1}{m}nK = K,$$

$$R'\left(n + \frac{100}{z}\right) = K - \frac{1}{m}nK,$$

folglich

$$R' = \frac{K - \frac{1}{m}nK}{n + \frac{100}{z}}, \text{ oder}$$

$$R' = \frac{1 - \frac{n}{m}}{n + \frac{100}{z}}K. \quad [\text{II.}]$$

Ferner ist ad 2)

$$R'' = \frac{\alpha}{100}K = \frac{1}{m}K. \quad [\text{III.}]$$

Und endlich ist ad 3)

$$R''' = \frac{\beta}{100}K. \quad [\text{IV.}]$$

Setzt man nun die Werthe [II.], [III.] und [IV.] für R', R'' und R''' in die Formel [I.], so wird

$$R = \frac{1 - \frac{n}{m}}{n + \frac{100}{z}}K + \frac{1}{m}K + \frac{\beta}{100}K,$$

$$R = \frac{1 - \frac{n}{m} + \frac{1}{m}\left(n + \frac{100}{z}\right)}{n + \frac{100}{z}}K + \frac{\beta}{100}K,$$

$$R = \frac{1 - \frac{n}{m} + \frac{n}{m} + \frac{100}{mz}}{n + \frac{100}{z}} K + \frac{\beta}{100} K, \text{ oder}$$

$$\text{(I.)} \quad R = \left(\frac{1 + \frac{100}{mz}}{n + \frac{100}{z}} + \frac{\beta}{100} \right) K.$$

Beispiel. Es sei wie früher $n = 20$ Jahre,
$m = 100$ Jahre,
$\beta = 1\frac{1}{2}$,
$z = 5$, und
$K = 6000$ Thlr., so wird

$$R = \left(\frac{1 + \frac{100}{100.5}}{20 + \frac{100}{5}} + \frac{1\frac{1}{2}}{100} \right) . 6000,$$

$$R = \left(\frac{1 + \frac{1}{5}}{40} + \frac{3}{200} \right) . 6000,$$

$$R = \left(\frac{3}{100} + \frac{3}{200} \right) . 6000,$$

$$R = 180 + 90, \text{ oder}$$

$$R = 270 \text{ Thlr.}$$

Anmerk. Dasselbe Resultat würde man auch erhalten haben, wenn man das §. 14. (I. *a.*) bei gleichen Werthen für die allgemeinen Ausdrücke gefundene Ablösungs-Kapital durch $\frac{100}{z} = \frac{100}{5}$ dividirt hätte, denn es ist

$$\frac{5400}{\frac{100}{5}} = 270 \text{ Thlr.}$$

B) Hätte das vorhandene Gebäude gar keine Dauer mehr, und der Neubau müßte sofort eintreten, dann aber von *m* zu *m* Jahren folgen, so wird in vorstehender Formel (I.) $n = 0$; folglich

$$R = \left(\frac{1 + \frac{100}{m z}}{\frac{100}{z}} + \frac{\beta}{100} \right) K, \text{ oder}$$

$$\text{(II.)} \quad R = \frac{z + \frac{100}{m} + \beta}{100} K.$$

Beispiel. Setzt man wieder $z = 5$,
$m = 100$ Jahre,
$\beta = 1\frac{1}{2}$, und
$K = 6000$ Thlr., so wird

$$R = \frac{5 + \frac{100}{100} + 1\frac{1}{2}}{100} . 6000,$$

$$R = (5 + 1 + 1\tfrac{1}{2}) . 60 = 300 + 60 + 90, \text{ oder}$$

$$R = 450 \text{ Thlr.}$$

Anmerk. Dasselbe Resultat hätte sich auch ergeben, wenn man das §. 14. (I. *b*.) bei gleichen Werthen für die allgemeinen Ausdrücke gefundene Ablösungs-Kapital durch $\frac{100}{z} = \frac{100}{5}$ dividirt, denn es ist

$$\frac{9000}{\frac{100}{5}} = 450 \text{ Thlr.}$$

C) Ist der Zeitraum von *n* Jahren, nach welchem der erste Neubau eintritt, mit jeder folgenden, der Dauer des Neubaues entsprechenden Bau-Periode *m* gleich groß, also $n = m$, so wird aus (I.)

$$R = \left(\frac{1 + \frac{100}{m z}}{m + \frac{100}{z}} + \frac{\beta}{100}\right) K,$$

und wenn man den Ausdruck $\frac{1 + \frac{100}{m z}}{m + \frac{100}{z}}$ im Zähler und Nenner mit m multiplicirt,

$$R = \left(\frac{m + \frac{100}{z}}{m\left(m + \frac{100}{z}\right)} + \frac{\beta}{100}\right) K, \text{ oder}$$

(III.) $$R = \left(\frac{1}{m} + \frac{\beta}{100}\right) K.$$

Beispiel. Es sei wiederum $m = 100$ Jahre,
$\beta = 1\frac{1}{2}$, und
$K = 6000$ Thlr., so wird

$$R = \left(\frac{1}{100} + \frac{1\frac{1}{2}}{100}\right) . 6000,$$

$$R = 60 + 90, \text{ oder}$$

$$R = 150 \text{ Thlr.}$$

Anmerk. Eben dies Resultat hätte man gefunden, wenn man das §. 14. (I. c.) bei gleichen Werthen für m, β und K ermittelte Ablösungs-Kapital durch $\frac{100}{z} = \frac{100}{5}$ dividirt, denn es ist

$$\frac{3000}{\frac{100}{5}} = 150 \text{ Thlr.}$$

§. 20.

Rente mit Anrechnung von einfachen Zinsen.

A) Hat Jemand die Verpflichtung, das Gebäude eines Andern nach Verlauf von n Jahren mit der Summe K neu zu bauen; wie viel jährliche Rente R muß der Verpflichtete dem Berechtigten bis dahin, daß der Neubau eintritt, zahlen, damit dieser mit der gesammelten Rente und den einfachen Zinsen davon, nach dem Zinsfuße z, den Neubau ausführen kann?

Die jährlichen Zinsen von der Rente R betragen $R\frac{z}{100}$, man hat daher

a) am Schluß des ersten Jahres blos die Rente $= R$,

b) am Schluß des zweiten Jahres eine zweijährige Rente und die Zinsen von der erstjährigen Rente . . . . $= 2R + R\frac{z}{100}$,

c) am Schluß des dritten Jahres einer dreijährigen Rente und die Zinsen von der erstjährigen und zweijährigen Rente . . . . $= 3R + R\frac{z}{100} + 2R\frac{z}{100}$,

d) ebenso am Schluß des vierten Jahres an Rente und Zinsen . $= 4R + R\frac{z}{100} + 2R\frac{z}{100} + 3R\frac{z}{100}$,

e) ebenso am Schluß des fünften Jahres an Rente und Zinsen . $= 5R + R\frac{z}{100} + 2R\frac{z}{100} + 3R\frac{z}{100} + 4R\frac{z}{100}$

u. s. w.

und am Schluß des $n$ten Jahres an Rente und Zinsen $nR + R\frac{z}{100} + 2R\frac{z}{100} + 3R\frac{z}{100} + \ldots + (n-1)R\frac{z}{100}$.

Nun muß die in n Jahren gesammelte Rente mit den einfachen Zinsen davon der Bau-Summe K gleich sein, daher

$$K = nR + R\frac{z}{100} + 2R\frac{z}{100} + 3R\frac{z}{100} + \dots + (n-1)R\frac{z}{100},$$

$$K = R\left[n + \frac{z}{100}\left(1+2+3+\dots+(n-1)\right)\right],$$

und setzt man, wie §. 9. Litt. $A.$, statt $1+2+3+\dots+(n-1)$, den gleichen Werth $\frac{(1+n-1)(n-1)}{2} = \frac{n(n-1)}{2}$ in vorstehende Formel, so wird

$$K = R\left[n + \frac{z}{100}\cdot\frac{n(n-1)}{2}\right], \text{ oder}$$

$$K = Rn\left(1 + \frac{z(n-1)}{200}\right), \text{ folglich}$$

$$(\text{I. } a.) \quad R = \frac{K}{n\left(1 + \frac{z(n-1)}{200}\right)}.$$

Beispiel. Setzt man $K = 6000$ Thlr.,
$n = 20$ Jahre, und
$z = 5$, so wird

$$R = \frac{6000}{20\left(1 + \frac{5(20-1)}{200}\right)},$$

$$R = \frac{300}{1+\frac{19}{40}} = \frac{300}{\frac{59}{40}} = \frac{12000}{59}, \text{ oder}$$

$$R = 203 \text{ Thlr. } 11 \text{ Sgr. } 8{,}33\dots \text{ Pf.},$$

der Verpflichtete würde also dem Berechtigten $n = 20$ Jahre lang zu Ende eines jeden Jahres 203 Thlr. 11 Sgr. 8,33... Pf. zu entrichten haben, dann aber hörte die Rentenzahlung auf.

Sollte jedoch diese nur n Jahre lang währende Rente in eine auf ewige Zeiten fortlaufende Rente verwandelt werden, ohne daß der eine noch der andere Interessent darunter leide, so muß letztere so groß sein, daß der $n$jährige Betrag derselben mit den Zinsen davon, zusammengenommen mit demjenigen Kapital, welches dieser laufenden Rente entspricht, der Bau-Summe K gleich ist; denn setzt man die laufende Rente $= R'$, so beläuft sich bis dahin, daß der Neubau vorgenommen werden muß, also nach n Jahren, der $n$jährige Betrag dieser Rente R' mit den Zinsen davon, nach der vorstehend ad A. entwickelten Formel auf $R'n\left(1+\frac{z(n-1)}{200}\right)$,

und da nach Verlauf der n Jahre die Rente R' nicht weiter zum Bau gebraucht wird, dieselbe gleichwohl auf ewige Zeiten fortgeht, so kann sie einem Kapital . . . . $= R'\frac{100}{z}$ gleich gerechnet werden, welches beim Neubau mit zur Verwendung kommt.

Beides zusammengenommen $= R'n\left(1+\frac{z(n-1)}{200}\right)+R'\frac{100}{z}$

darf aber nur grade so groß sein, daß der Neubau mit der Summe K dafür bestritten werden kann, es ist daher

$$R'n\left(1+\frac{z(n-1)}{200}\right)+R'\frac{100}{z} = K, \text{ oder}$$

$$R'\left[n\left(1+\frac{z(n-1)}{200}\right)+\frac{100}{z}\right] = K,$$

und daraus R' entwickelt, giebt

$$R' = \frac{K}{n\left(1+\frac{z(n-1)}{200}\right)+\frac{100}{z}} = \frac{zK}{100\left[1+\frac{nz}{100}\left(1+\frac{z(n-1)}{200}\right)\right]},$$

oder, wenn man $\frac{nz}{100}\left(1+\frac{z(n-1)}{200}\right) = N$ setzt,

$$(\text{I. } b.) \qquad R' = \frac{zK}{100(1+N)}.$$

Beispiel. Unter Beibehaltung der früher angenommenen Werthe für K, n und z wird

$$R' = \frac{5 \,.\, 6000}{100\left(1+\frac{59}{40}\right)},$$

$$R' = \frac{5 \,.\, 60 \,.\, 40}{99} = \frac{5 \,.\, 20 \,.\, 40}{33} = \frac{4000}{33} = 121{,}2121\ldots, \text{ oder}$$

$R' = 121$ Thlr. 6 Sgr. 4,36.... Pf.

Vergleicht man dieses Resultat mit dem des vorhergehenden Beispiels, so geht daraus hervor, daß eine jährliche Rente von 203 Thlr. 11 Sgr. 8,33.... Pf., welche nur 20 Jahre lang gezahlt wird, ebenso viel werth ist, als eine auf ewige Zeiten fortlaufende Rente von jährlich 121 Thlr. 6 Sgr. 4,36.... Pf.

Anmerk. Dasselbe Resultat würde man erhalten haben, wenn man das §. 9. (I. a.) bei gleichen Werthen für die allgemeinen Ausdrücke gefundene Ablösungs-Kapital durch $\frac{100}{z} = \frac{100}{5}$ dividirt hätte, denn es ist

$$\frac{2424{,}2424\ldots \text{ Thlr.}}{\frac{100}{5}} = 121{,}2121\ldots \text{ Thlr.}$$

Es ist demnach in dem zu A. gegebenen Beispiele ganz gleich, ob der Verpflichtete ein für alle Mal gleich Anfangs ein Ablösungs-Kapital von 2424 Thlr. 7 Sgr. 3,27.... Pf., oder am Schluß eines jeden Jahres eine immer fortlaufende Rente von 121 Thlr. 6 Sgr. 4,36 .... Pf., oder aber endlich nur 20 Jahre lang am Schluß eines jeden dieser Jahre eine Rente von 203 Thlr. 11 Sgr. 8,33 .... Pf. an den Berechtigten zahlt.

B) Hätte Jemand die Verpflichtung, das Gebäude eines Andern nicht nur das nächste Mal, sondern fortwährend, so oft sich dies als nothwendig darstellt, mit der Summe K neu zu bauen, und außerdem alle inzwischen von Zeit zu Zeit vorkommenden Reparaturen daran zu bewirken, und es stände fest, daß der erste Neubau nach n Jahren, alle folgenden Neubaue aber von m zu m Jahren vorgenommen werden müßten; ferner, daß nach §. 3. der Procentsatz für die Reparaturen in Bezug auf die Bau-Summe K, $= \beta$ sei; wie viel wird dann die auf immer fortlaufende, am Schluß eines jeden Jahres fällige Rente R betragen, wenn von derselben, so weit sie den Neubau betrifft, einfache Zinsen, nach dem Zinsfuße z, in Anrechnung gebracht werden sollen?

Diese Rente besteht aus:

1) einer jährlichen Rente R', lediglich für den Neubau auf die erste Periode n bestimmt;
2) einer jährlichen Rente R'', für die von m zu m Jahren eintretenden Neubaue bestimmt, und
3) einer jährlichen Rente R''', welche den laufenden Reparatur-Kosten entspricht.

Es wird demnach die gesammte jährliche Rente

$$R = R' + R'' + R''' \text{ [I.] sein.}$$

Nun ist ad 1) die jährliche, auf immer fortlaufende Rente R' für den nach n Jahren stattfindenden Neubau, oder

$$R' = \frac{K}{n\left(1+\frac{z(n-1)}{200}\right)+\frac{100}{z}}, \quad [\text{II.}]$$

wie dies die ad (I. *b.*) entwickelte Formel darthut.

Ferner ergiebt sich ad 2) die jährliche, auf immer fortlaufende Rente R'' für die von m zu m Jahren wiederkehrenden Neubaue aus Folgendem.

Das Bedürfniß für den ersten Neubau ist durch die Rente R' gedeckt, es dürfte daher erst nach Verlauf der ersten Bau-Periode von n Jahren, also mit dem Beginn der zweiten $m$jährigen Periode, eine auf immer fortlaufende Rente gezahlt werden, die grade so groß ist, daß sie mit ihren einfachen Zinsen bis zum Ablauf jeder m Jahre jedesmal der Bau-Summe K gleich kommt. Setzt man diese Rente $= r$, so wird, ähnlich wie ad *A.*, ermittelt worden, r mit seinen einfachen Zinsen in m Jahren gesammelt $= r\,m\left(1+\frac{z(m-1)}{200}\right) = K$ sein, daher

$$r = \frac{K}{m\left(1+\frac{z(m-1)}{200}\right)}.$$

Es soll aber nicht die erst nach n Jahren fällige Rente r, sondern die derselben entsprechende gleich mit dem ersten Jahre, in welchem die Regulirung oder Abfindung erfolgt, fällig werdende Rente R'' bestimmt werden, und diese findet man nach derselben Formel, welche §. 9. ad (I. *a.*) entwickelt worden ist, nemlich

$$R'' = \frac{r}{1+\frac{nz}{100}\left(1+\frac{z(n-1)}{200}\right)},$$

oder, für r den oben ermittelten Werth gesetzt,

$$R'' = \frac{\dfrac{K}{m\left(1+\dfrac{z(m-1)}{200}\right)}}{1+\dfrac{nz}{100}\left(1+\dfrac{z(n-1)}{200}\right)}. \quad [III.]$$

Und endlich ist ad 3)

$$R''' = \frac{\beta}{100}K. \quad [IV.]$$

Setzt man nun die Werthe [II.], [III.] und [IV.] für R', R'' und R''' in die Formel [I.], so wird

$$R = \frac{K}{n\left(1+\dfrac{z(n-1)}{200}\right)+\dfrac{100}{z}} + \frac{\dfrac{K}{m\left(1+\dfrac{z(m-1)}{200}\right)}}{1+\dfrac{nz}{100}\left(1+\dfrac{z(n-1)}{200}\right)} + \frac{\beta}{100}K,$$

das mittlere Glied dieser Formel im Zähler und Nenner mit $\frac{100}{z}$ multiplicirt,

$$R = \frac{K}{n\left(1+\dfrac{z(n-1)}{200}\right)+\dfrac{100}{z}} + \frac{\dfrac{100\,K}{mz\left(1+\dfrac{z(m-1)}{200}\right)}}{\dfrac{100}{z}+n\left(1+\dfrac{z(n-1)}{200}\right)} + \frac{\beta}{100}K,$$

$$R = \frac{1+\dfrac{100}{mz\left(1+\dfrac{z(m-1)}{200}\right)}}{n\left(1+\dfrac{z(n-1)}{200}\right)+\dfrac{100}{z}}K + \frac{\beta}{100}K; \quad [V.]$$

$$R = \frac{100+mz\left(1+\dfrac{z(m-1)}{200}\right)}{\left[n\left(1+\dfrac{z(n-1)}{200}\right)+\dfrac{100}{z}\right]\left[mz\left(1+\dfrac{z(m-1)}{200}\right)\right]}K + \frac{\beta}{100}K,$$

$$R = \frac{z\left[1+\frac{mz}{100}\left(1+\frac{z(m-1)}{200}\right)\right]}{100\left[1+\frac{nz}{100}\left(1+\frac{z(n-1)}{200}\right)\right]\left[\frac{mz}{100}\left(1+\frac{z(m-1)}{200}\right)\right]}K + \frac{\beta}{100}K,$$

oder, wenn man $\frac{mz}{100}\left(1+\frac{z(m-1)}{200}\right) = M$ und

$\frac{nz}{100}\left(1+\frac{z(n-1)}{200}\right) = N$ setzt,

$$\text{(II.)} \quad R = \frac{z(1+M)K}{100(1+N)M} + \frac{\beta}{100}K.$$

Beispiel. Setzt man wiederum wie früher die Bau-Summe . . . . $K = 6000$ Thlr.,
die erste Bau-Periode . . . . $n = 20$ Jahre,
jede folgende Bau-Periode . . . . . $m = 100$ Jahre,
den Zinsfuß . . . . $z = 5$, und
den Procentsatz für die Reparaturen . $\beta = 1\frac{1}{2}$, so wird
die jährliche Rente, oder

$$R = \frac{5\left(1+\frac{139}{8}\right).6000}{100\left(1+\frac{59}{40}\right)\frac{139}{8}} + \frac{1\frac{1}{2}}{100}.6000,$$

$$R = \frac{5(8+139).60}{\frac{99}{40}.139} + 1\tfrac{1}{2}.60 = \frac{5.147.60.40}{99.139} + 90,$$

$$R = \frac{5.49.20.40}{11.139} + 90 = \frac{196000}{1529} + 90 = 128\frac{288}{1529} + 90$$

$$= 218\frac{288}{1529}, \text{ oder}$$

$R = 218$ Thlr. 5 Sgr. 7,809.... Pf.

Anmerk. Ein gleiches Resultat erhält man, wenn man das §. 15. (I. *a.*) bei gleichen Werthen für die allgemeinen Ausdrücke gefundene Ablösungs-Kapital durch $\frac{100}{z} = \frac{100}{5}$ dividirt, denn

$$\frac{4363\frac{1173}{1529}}{\frac{100}{5}} = 218\frac{288}{1529} \text{ Thlr.}$$

C) Wäre das vorhandene Gebäude so baufällig, daß es nicht mehr *n* Jahre stehen kann, sondern sogleich neu gebaut werden müßte, demnächst aber von *m* zu *m* Jahren der Erneuerung bedarf, so wird in der vorstehenden Formel [V.] $n = 0$, folglich

$$R = \frac{1 + \frac{100}{mz\left(1 + \frac{z(m-1)}{200}\right)}}{\frac{100}{z}} K + \frac{\beta}{100} K,$$

$$R = \frac{100 + mz\left(1 + \frac{z(m-1)}{200}\right)}{\frac{100}{z} \cdot mz\left(1 + \frac{z(m-1)}{200}\right)} K + \frac{\beta}{100} K,$$

$$R = \frac{z\left[1 + \frac{mz}{100}\left(1 + \frac{z(m-1)}{200}\right)\right]}{100\left[\frac{mz}{100}\left(1 + \frac{z(m-1)}{200}\right)\right]} K + \frac{\beta}{100} K, \quad \text{oder}$$

$$\text{(III.)} \quad R = \frac{z(1+M)}{100M} K + \frac{\beta}{100} K.$$

Beispiel. Setzt man wiederum $K = 6000$ Thlr.,
$m = 100$ Jahre,
$z = 5$, und
$\beta = 1\frac{1}{2}$, so wird

$$R = \frac{5\left(1+\frac{139}{8}\right)}{100.\frac{139}{8}}.6000 + \frac{1\frac{1}{2}}{100}.6000,$$

$$R = \frac{5(8+139)60}{139} + 1\tfrac{1}{2}.60 = \frac{147.300}{139} + 90,$$

$$R = \frac{44100}{139} + 90 = 317\frac{37}{139} + 90 = 407\frac{37}{139}, \text{ oder}$$

$R = 407$ Thlr. 7 Sgr. 11,827.... Pf.

Anmerk. Man hätte dasselbe Resultat erhalten, wäre das §. 15. (I. b.) bei gleichen Werthen für K, m, β und z ermittelte Ablösungs-Kapital durch $\frac{100}{z} = \frac{100}{5}$ dividirt worden, denn es ist

$$\frac{8145\frac{45}{139}}{\frac{100}{5}} = 407\frac{37}{139} \text{ Thlr.}$$

D) Wäre dagegen das Gebäude so eben erst neu gebaut, und der erste Neubau fände daher erst nach m Jahren statt, so wird in der Formel [V.] $n = m$, folglich

$$R = \frac{1+\frac{100}{mz\left(1+\frac{z(m-1)}{200}\right)}}{m\left(1+\frac{z(m-1)}{200}\right)+\frac{100}{z}}K + \frac{\beta}{100}K,$$

das erste Glied dieses Ausdrucks im Zähler und Nenner mit $m\left(1+\frac{z(m-1)}{200}\right)$ multiplicirt, giebt

$$R = \frac{\left[m\left(1+\frac{z(m-1)}{200}\right)+\frac{100}{z}\right]K}{\left[m\left(1+\frac{z(m-1)}{200}\right)+\frac{100}{z}\right]m\left(1+\frac{z(m-1)}{200}\right)} + \frac{\beta}{100}K,$$

$$R = \frac{K}{m\left(1+\frac{z(m-1)}{200}\right)} + \frac{\beta}{100}K,$$

$$R = \frac{zK}{100\left[\frac{mz}{100}\left(1+\frac{z(m-1)}{200}\right)\right]} + \frac{\beta}{100}K, \text{ oder}$$

(IV.) $R = \frac{zK}{100M} + \frac{\beta}{100}K.$

Beispiel. Es sei wiederum $K = 6000$ Thlr.,
$m = 100$ Jahre,
$z = 5$, und
$\beta = 1\frac{1}{2}$, so wird

$$R = \frac{5.6000}{100.\frac{139}{8}} + \frac{1\frac{1}{2}}{100}.6000,$$

$$R = \frac{5.60.8}{139} + 1\tfrac{1}{2}.60 = \frac{2400}{139} + 90 = 17\frac{37}{139} + 90 = 107\frac{37}{139},$$

oder

$R = 107$ Thlr. 7 Sgr. 11,827 .... Pf.

Anmerk. Dasselbe Resultat hätte man ebenfalls erhalten, wenn das §. 15. (l. c.) bei gleichen Werthen für K, m, β und z berechnete Ablösungs-Kapital durch $\frac{100}{z} = \frac{100}{5}$ dividirt wird; es ist nemlich

$$\frac{2145\frac{45}{139}}{\frac{100}{5}} = 107\frac{37}{139} \text{ Thlr.}$$

§. 21.
Rente mit Anrechnung von Zinses-Zinsen.

Auf ähnliche Weise wie in den §. §. 19. und 20. ausführlich gezeigt worden, läßt sich auch die Rente ermitteln, wenn von derselben Zinses-Zinsen berücksichtigt werden sollen, so daß die Rente einem Ablösungs-Kapital entspricht, bei dem Zinses-Zinsen berechnet sind.

Zur Vermeidung weitläufiger Berechnungen und da der hier erwähnte Fall doch nur äußerst selten Anwendung finden dürfte, wird es genügen, wenn die Formeln für die Rente gleich aus den betreffenden Formeln für die Kapitalberechnungen hergeleitet werden, indem man dieselben, wie bereits §. 18. angeführt, nur durch $\frac{100}{z}$ zu dividiren, oder was einerlei ist, mit $\frac{z}{100}$ zu multipliciren braucht.

Alsdann wird z. B. aus den §. 16. aufgestellten Formeln

$$\text{ad (I. }a.\text{)}\quad R = \frac{z\left(1+\frac{z}{100}\right)^m . K}{100\left(1+\frac{z}{100}\right)^n\left[\left(1+\frac{z}{100}\right)^m - 1\right]} + \frac{\beta}{100}K.$$

Beispiel. Unter Beibehaltung der früher angenommenen Werthe für z, K, m, n und β wird

$$R = \frac{5\left(1+\frac{5}{100}\right)^{100} . 6000}{100\left(1+\frac{5}{100}\right)^{20}\left[\left(1+\frac{5}{100}\right)^{100} - 1\right]} + \frac{1\frac{1}{2}}{100} . 6000,$$

$$R = \frac{300 . 131{,}5012 \ldots}{2{,}6533 . 130{,}5012 \ldots} = 113{,}93323 \ldots + 90, \text{ oder}$$

$R = 113$ Thlr. 27 Sgr. 11,96 .... Pf. $+ 90$ Thlr., oder
$R = 203$ Thlr. 27 Sgr. 11,96 .... Pf.

ad (I. *b*.) $$R = \frac{z\left(1+\frac{z}{100}\right)^m . K}{100\left[\left(1+\frac{z}{100}\right)^m - 1\right]} + \frac{\beta}{100} K.$$

Beispiel. Bei gleichen Werthen für z, K etc.

$$R = \frac{5\left(1+\frac{5}{100}\right)^{100} . 6000}{100\left[\left(1+\frac{5}{100}\right)^{100} - 1\right]} + \frac{1\frac{1}{2}}{100} . 6000,$$

$R = 302$ Thlr. 8 Sgr. 11,578.... Pf. $+ 90$ Thlr., oder
$R = 392$ Thlr. 8 Sgr. 11,578.... Pf.

ad (I. *c*.) $$R = \frac{zK}{100\left[\left(1+\frac{z}{100}\right)^m - 1\right]} + \frac{\beta}{100} K.$$

Beispiel. Bei gleichen Werthen für z, K etc.

$$R = \frac{5 . 6000}{100\left[\left(1+\frac{5}{100}\right)^{100} - 1\right]} + \frac{1\frac{1}{2}}{100} . 6000.$$

$R = 2$ Thlr. 8 Sgr. 11,578.... Pf. $+ 90$ Thlr., oder
$R = 92$ Thlr. 8 Sgr. 11,578.... Pf.

§. 22.

Mit Ausnahme des §. 20. Litt. *A*. angegebenen Falles ist bei allen in den §. §. 19. 20. und 21. aufgestellten Rentenberechnungen auf Neubaue und gleichzeitig auf Reparaturen Rücksicht genommen. Wäre die Verpflichtung aber nur auf die Neubaue allein ausgedehnt, so versteht es sich von selbst, daß dann auch die in den Formeln enthaltenen Werthe, welche sich auf die Reparaturen beziehen und überall mit $\frac{\beta}{100} K$ bezeichnet sind, weggelassen werden müssen, um die Rentenwerthe für die Neubaue allein zu erhalten.

Demnach wird z. B. in §. 20. ad *B.* aus (II.)

$$R = \frac{z(1+M)K}{100(1+N)M}.$$

Beispiel. Unter Beibehaltung der früher angenommenen Werthe für m, n, z und K

$$R = \frac{5\left(1+\frac{139}{8}\right).6000}{100\left(1+\frac{59}{40}\right).\frac{139}{8}} = \frac{196000}{1529} = 128\frac{288}{1529}, \text{ oder}$$

R = 128 Thlr. 5 Sgr. 7,809 .... Pf.

§. 23.

Dagegen sind bei den Rentenberechnungen §. §. 19. 20. und 21. die §. 2. Nro. 5. angegebenen außerordentlichen Umstände außer Acht gelassen. Wird deren Berücksichtigung verlangt, so gilt hier analog dasjenige, was §. 17. über die desfalsigen Kapitalberechnungen gesagt ist.

So darf z. B., wenn bei der §. 20. ad *B.* (II.) für die im Laufe der Zeit vorkommenden gewöhnlichen Baue und Reparaturen eines Gebäudes berechneten Rente, auch der mögliche Fall des Abbrennens desselben berücksichtigt werden soll, und die jährlichen Feuer-Kassen-Beiträge wären im Durchschnitt $= f$ gewesen, jene Rente nur um f vergrößert werden, weil f schon als eine der Versicherungs-Summe entsprechende jährliche Rente zu betrachten ist; und es wird dann

$$\text{(I. a.)} \quad R = \frac{z(1+M)K}{100(1+N)M} + \frac{\beta}{100}K + f,$$

oder wenn, wie §. 17. gedacht, f durch die der Versicherungs-Summe F entsprechenden Procente γ ausgedrückt werden soll, wo dann $f = \frac{\gamma}{100} F$ ist,

$$(\text{I. } b.) \quad R = \frac{z(1+M)K}{100(1+N)M} + \frac{\beta}{100} K + \frac{\gamma}{100} F.$$

Beispiel. Setzt man wie früher $m = 100$ Jahre,
$z = 5$,
$\beta = 1\frac{1}{2}$,
$n = 20$ Jahre,
$K = 6000$ Thlr.,
$\gamma = \frac{1}{4}$, und
$F = 5000$ Thlr., so ist

$$R = \frac{5\left(1+\frac{139}{8}\right).6000}{100\left(1+\frac{59}{40}\right).\frac{139}{8}} + \frac{1\frac{1}{2}}{100}.6000 + \frac{\frac{1}{4}}{100}.5000,$$

$R =$ 128 Thlr. 5 Sgr. 7,809.... Pf. + 90 Thlr.
+ 12 Thl. 15 Sgr., oder
$R =$ 230 Thlr. 20 Sgr. 7,809.... Pf.

Vorschlag, nach welchem die Ablösungs-Kapitalien oder Renten in vorkommenden Fällen berechnet werden können.

§. 24.

Da bei den bisher auf verschiedene Weise berechneten Ablösungs-Kapitalien oder den denselben entsprechenden jährlichen Renten in den Fällen, wo in Beziehung auf die Ablösungs-Kapitalien nur einfache Zinsen zu Grunde gelegt sind, die Resultate bei Weitem höher ausfallen, als bei Anrechnung von Zinses-Zinsen, so dürfte sowohl die eine als die andere Art der Berechnung in der Anwendung Schwierigkeiten und wohl gar Widersprüche Seitens der Betheiligten finden.

Es ist auch nicht zu leugnen, daß in dem ersten Falle der Belastete, dagegen in dem zweiten Falle der Berechtigte in Nachtheil steht, denn berücksichtigt man, daß die jährlichen Zinsen des Ablösungs-Kapitals, oder was einerlei ist, die jährliche Rente, so weit sie nemlich den Neubau betrifft, nicht jährlich, sondern nur von Zeit zu Zeit, so oft sich ein Neubau als nothwendig darstellt, gebraucht wird, und daß diese Perioden in der Regel sehr groß sind, also in dem ersten Falle während dieser Perioden eine solche Zinsen-Anhäufung stattfindet, daß der Belastete dieselben schwerlich ohne Zwischennutzung ruhen lassen, sondern wieder auf Zinsen austhun würde, so hätte er zur Zeit des eintretenden Neubaues offenbar eine größere Bau-Summe, als er wirklich gebraucht, und der Belastete mithin mehr geben müssen, als wozu er verpflichtet ist. Es ist daher nicht unbillig, wenn nicht dem Berechtigten, sondern dem Belasteten die Zwischennutzung zu Gute kommt.

Dagegen läßt sich aber auch nicht annehmen, daß diese Zwischennutzung der Zinsen des Ablösungs-Kapitals oder der Rente auf Zinses-Zinsen ausgedehnt werden könne, wie in dem zweiten Falle stattfinden müßte, denn es dürfte überall an Gelegenheit fehlen, den hierdurch entstehenden nur unbedeutenden jährlichen Zuwachs an Zinsen wieder zinsbar anzulegen, und sonach würde der Berechtigte in Nachtheil kommen, weil die Ablösungs-Kapitalien bei Anrechnung von Zinses-Zinsen im Vergleich zur Baulast, besonders bei großen Bau-Perioden nur sehr niedrig, die Rente aber in einzelnen Fällen auf wenig oder beinahe gar nichts zu stehen kommen würde.

Am angemessensten erscheint es daher von diesen beiden Verfahrungs-Arten, wenn solches nicht ausdrücklich vorgeschrieben wird oder besondere Umstände dafür sprechen, bei vorkommenden Ablösungen oder Abfindungen keinen Gebrauch zu machen, sondern zwischen beiden einen Mittelweg zu wählen, wodurch weder der Belastete noch der Berechtigte so wenig wie möglich prägravirt wird; und dieser dürfte in Betreff der Ablösungs-Kapitalien der §. 7. ad 2. und in Betreff der Renten der §. 18. ad 2. erwähnte sein, worüber die §. §. 9. 15. 17. (II. *a.*) und (II. *b.*) 20. 22. und 23. die verschiedenen, möglicher Weise vorkommenden Aufgaben enthalten. Wenigstens werden sie ausreichen, alle vorkommenden Fälle daraus abzuleiten.

Zur besseren Uebersicht bei Anwendung der in Vorschlag gebrachten Verfahrungsart folgen hier die entsprechenden Aufgaben und deren Auflösung, so weit sie sich auf Neubaue beziehen.

1) Wie viel Ablösungs-Kapital x oder jährliche Rente R muß man erhalten, um damit und mit den Zinsen davon, nach dem Zinsfuße z, einen zu K Thalern veranschlagten Neubau nach Verlauf von n Jahren ausführen zu können?

Hier wird das Ablösungs-Kapital (§. 9. I. *a.*) oder

$$\text{(I. } a.\text{)} \quad x = \frac{K}{1+N},$$

und die jährliche Rente (§. 18.) oder

$$\text{(I. } b.\text{)} \quad R = \frac{zK}{100(1+N)}.$$

2) Wie viel Ablösungs-Kapital x oder jährliche Rente R muß man erhalten, um damit und mit den Zinsen davon, nach dem Zinsfuße z, einen zu K Thalern veranschlagten Neubau nach Verlauf von n Jahren und demnächst noch einmal nach m Jahren ausführen zu können?

Hier wird das Ablösungs-Kapital (§. 9. II.) oder

$$(\text{II. } a.) \quad x = \frac{(2+M)K}{(1+N)(1+M)},$$

und die jährliche Rente (§. 18.) oder

$$(\text{II. } b.) \quad R = \frac{z(2+M)K}{100(1+N)(1+M)}.$$

3) Wie viel Ablösungs-Kapital x oder jährliche Rente R muß man erhalten, um damit und mit den Zinsen davon, nach dem Zinsfuße z, einen zu K Thalern veranschlagten Neubau nach Verlauf von n Jahren und demnächst noch zweimal nach resp. m und m Jahren ausführen zu können?

Hier wird das Ablösungs-Kapital (§. 9. III.) oder

$$(\text{III. } a.) \quad x = \frac{3+3M+M^2}{(1+N)(1+M)^2}.K,$$

und die jährliche Rente (§. 18.) oder

$$(\text{III. } b.) \quad R = \frac{z(3+3M+M^2)}{100(1+N)(1+M)^2}K.$$

4) Wie viel Ablösungs-Kapital x oder jährliche Rente R muß man erhalten, um damit und mit den Zinsen davon, nach dem Zinsfuße z, einen zu K Thalern veranschlagten Neubau nicht nur nach Verlauf von n Jahren, sondern demnächst alle m Jahre ausführen zu können?

Hier wird das Ablösungs-Kapital (§. 9. IV. a.) oder

$$(\text{IV. } a.) \quad x = \frac{(1+M)K}{(1+N)M},$$

und die jährliche Rente (§. 18.) oder

$$(\text{IV}.\,b.)\quad R = \frac{z(1+M)K}{100(1+N)M}.$$

5) Wie viel Ablösungs-Kapital x oder jährliche Rente R muß man erhalten, um damit und mit den Zinsen davon, nach dem Zinsfuße z, einen zu K Thalern veranschlagten Neubau sogleich und demnächst alle m Jahre ausführen zu können?

Hier wird das Ablösungs-Kapital (§. 9. IV. $b.$) oder

$$(\text{V}.\,a.)\quad x = \frac{1+M}{M}K,$$

und die jährliche Rente (§. 18.) oder

$$(\text{V}.\,b.)\quad R = \frac{z(1+M)}{100\,M}.K.$$

6) Wie viel Ablösungs-Kapital x oder jährliche Rente R muß man erhalten, um damit und mit den Zinsen davon, nach dem Zinsfuße z, einen zu K Thalern veranschlagten, eben erst bewerkstelligten Neubau demnächst von m zu m Jahren ausführen zu können?

Hier wird das Ablösungs-Kapital (§. 9. IV. $c.$) oder

$$(\text{VI}.\,a.)\quad x = \frac{K}{M},$$

und die jährliche Rente (§. 18.) oder

$$(\text{VI}.\,b.)\quad R = \frac{zK}{100\,M}.$$

Kommen die Reparaturen in dem einen oder anderen Falle auch in Anrechnung, und der Procentsatz derselben in Beziehung auf die Neubau-Summe K ist β, so wird:

dem betreffenden Ablösungs-Kapital x nach §. 12. noch

$$\frac{\beta}{z}K,$$

und der betreffenden jährlichen Rente R noch

$$\frac{\beta}{100}K$$

zugesetzt; und soll auch der mögliche Fall des Abbrennens des Gebäudes berücksichtigt werden, und die im Durchschnitt jährlichen Feuer-Kassenbeiträge davon wären $= f$ gewesen, so muß ferner

dem betreffenden Ablösungs-Kapital x nach §. 17. noch

$$\frac{100}{z}f,$$

und der betreffenden jährlichen Rente R nach §. 23. noch

$$f$$

zugesetzt werden.

1. Zusatz. In allen vorstehenden Formeln ist

$$M = \frac{mz}{100}\left(1 + \frac{z(m-1)}{200}\right) \text{ und}$$

$$N = \frac{nz}{100}\left(1 + \frac{z(n-1)}{200}\right),$$

und diese Bezeichnung der Abkürzung wegen gewählt worden.

Sobald nun die Bau-Perioden $= m$ oder n Jahre und der Zinsfuß $= z$ bekannt sind, lassen sich die Werthe für M und N bestimmen, und um bei Anwendung der Formeln die Auflösung derselben zu erleichtern, sind in nachstehender Tafel die Werthe für M und N für Bau-Perioden von 1 bis 200 Jahre, nach dem Zinsfuße von 4 und 5 Procent, in Decimalbrüchen berechnet.

Bau-Periode m od. n Jahre.	Nach dem Zinsfuße $z=4$ wird M oder N.	Nach dem Zinsfuße $z=5$ wird M oder N.	Bau-Periode n od. m Jahre.	Nach dem Zinsfuße $z=4$ wird M oder N.	Nach dem Zinsfuße $z=5$ wird M oder N.
1	0,04	0,05	28	1,7248	2,345
2	0,0816	0,1025	29	1,8096	2,465
3	0,1248	0,1575	30	1,896	2,5875
4	0,1696	0,215	31	1,984	2,7125
5	0,216	0,275	32	2,0736	2,84
6	0,264	0,3375	33	2,1648	2,97
7	0,3136	0,4025	34	2,2576	3,1025
8	0,3648	0,47	35	2,352	3,2375
9	0,4176	0,54	36	2,448	3,375
10	0,472	0,6125	37	2,5456	3,515
11	0,528	0,6875	38	2,6448	3,6575
12	0,5856	0,765	39	2,7456	3,8025
13	0,6448	0,845	40	2,848	3,95
14	0,7056	0,9275	41	2,952	4,1
15	0,768	1,0125	42	3,0576	4,2525
16	0,832	1,1	43	3,1648	4,4075
17	0,8976	1,19	44	3,2736	4,565
18	0,9648	1,2825	45	3,384	4,725
19	1,0336	1,3775	46	3,496	4,8875
20	1,104	1,475	47	3,6096	5,0525
21	1,176	1,575	48	3,7248	5,22
22	1,2496	1,6775	49	3,8416	5,39
23	1,3248	1,7825	50	3,96	5,5625
24	1,4016	1,89	51	4,08	5,7375
25	1,48	2,	52	4,2016	5,915
26	1,56	2,1125	53	4,3248	6,095
27	1,6416	2,2275	54	4,4496	6,2775

Fortsetzung.

Bau-Periode *m* od. *n* Jahre.	Nach dem Zinsfuße z = 4 wird *M* oder *N*.	Nach dem Zinsfuße z = 5 wird *M* oder *N*.	Bau-Periode *m* od. *n* Jahre.	Nach dem Zinsfuße z = 4 wird *M* oder *N*.	Nach dem Zinsfuße z = 5 wird *M* oder *N*.
55	4,576	6,4625	82	8,5936	12,4025
56	4,704	6,65	83	8,7648	12,6575
57	4,8336	6,84	84	8,9376	12,915
58	4,9648	7,0325	85	9,112	13,175
59	5,0976	7,2275	86	9,288	13,4375
60	5,232	7,425	87	9,4656	13,7025
61	5,368	7,625	88	9,6448	13,97
62	5,5056	7,8275	89	9,8256	14,24
63	5,6448	8,0325	90	10,008	14,5125
64	5,7856	8,24	91	10,192	14,7875
65	5,928	8,45	92	10,3776	15,065
66	6,072	8,6625	93	10,5648	15,345
67	6,2176	8,8775	94	10,7536	15,6275
68	6,3648	9,095	95	10,944	15,9125
69	6,5136	9,315	96	11,136	16,2
70	6,664	9,5375	97	11,3296	16,49
71	6,816	9,7625	98	11,5248	16,7825
72	6,9696	9,99	99	11,7216	17,0775
73	7,1248	10,22	100	11,92	17,375
74	7,2816	10,4525	101	12,12	17,675
75	7,44	10,6875	102	12,3216	17,9775
76	7,6	10,925	103	12,5248	18,2825
77	7,7616	11,165	104	12,7296	18,59
78	7,9248	11,4075	105	12,936	18,9
79	8,0896	11,6525	106	13,144	19,2125
80	8,256	11,9	107	13,3536	19,5275
81	8,424	12,15	108	13,5648	19,845

Fortsetzung.

Bau-Periode *m* od. *n* Jahre.	Nach dem Zinsfuße z = 4 wird *M* oder *N*.	Nach dem Zinsfuße z = 5 wird *M* oder *N*.	Bau-Periode *m* od. *n* Jahre.	Nach dem Zinsfuße z = 4 wird *M* oder *N*.	Nach dem Zinsfuße z = 5 wird *M* oder *N*.
109	13,7776	20,165	136	20,128	29,75
110	13,992	20,4875	137	20,3856	30,14
111	14,208	20,8125	138	20,6448	30,5325
112	14,4256	21,14	139	20,9056	30,9275
113	14,6448	21,47	140	21,168	31,325
114	14,8656	21,8025	141	21,432	31,725
115	15,088	22,1375	142	21,6976	32,1275
116	15,312	22,475	143	21,9648	32,5325
117	15,5376	22,815	144	22,2336	32,94
118	15,7648	23,1575	145	22,504	33,35
119	15,9936	23,5025	146	22,776	33,7625
120	16,224	23,85	147	23,0496	34,1775
121	16,456	24,2	148	23,3248	34,595
122	16,6896	24,5525	149	23,6016	35,015
123	16,9248	24,9075	150	23,88	35,4375
124	17,1616	25,265	151	24,16	35,8625
125	17,4	25,625	152	24,4416	36,29
126	17,64	25,9875	153	24,7248	36,72
127	17,8816	26,3525	154	25,0096	37,1525
128	18,1248	26,72	155	25,296	37,5875
129	18,3696	27,09	156	25,584	38,025
130	18,616	27,4625	157	25,8736	38,465
131	18,864	27,8375	158	26,1648	38,9075
132	19,1136	28,215	159	26,4576	39,3525
133	19,3648	28,595	160	26,752	39,8
134	19,6176	28,9775	161	27,048	40,25
135	19,872	29,3625	162	27,3456	40,7025

Fortsetzung.

Bau-Periode *m* od. *n* Jahre.	Nach dem Zinsfuße z = 4 wird *M* oder *N*.	Nach dem Zinsfuße z = 5 wird *M* oder *N*.	Bau-Periode *m* od. *n* Jahre.	Nach dem Zinsfuße z = 4 wird *M* oder *N*.	Nach dem Zinsfuße z = 5 wird *M* oder *N*.
163	27,6448	41,1575	182	33,6336	50,2775
164	27,9456	41,615	183	33,9648	50,7825
165	28,248	42,075	184	34,2976	51,29
166	28,552	42,5375	185	34,632	51,8
167	28,8576	43,0025	186	34,968	52,3125
168	29,1648	43,47	187	35,3056	52,8275
169	29,4736	43,94	188	35,6448	53,345
170	29,784	44,4125.	189	35,9856	53,865
171	30,096	44,8875	190	36,328	54,3875
172	30,4096	45,365	191	36,672	54,9125
173	30,7248	45,845	192	37,0176	55,44
174	31,0416	46,3275	193	37,3648	55,97
175	31,36	46,8125	194	37,7136	56,5025
176	31,68	47,3	195	38,064	57,0375
177	32,0016	47,79	196	38,416	57,575
178	32,3248	48,2825	197	38,7696	58,115
179	32,6496	48,7775	198	39,1248	58,6575
180	32,976	49,275	199	39,4816	59,2025
181	33,304	49,775	200	39,84	59,75

2. Zusatz. So einfach es nun auch ist, die vorkommenden Aufgaben nach den gegebenen Formeln mit Hülfe der vorstehenden Tafel zu lösen, so schien es doch nöthig, hier noch zwei andere Tafeln, nemlich:

a) die eine zur Bestimmung des jetzt gleich zu zahlenden Ablösungs-Kapitals für die erst nach einer bestimmten Anzahl Jahre noch einmal zu leistende Bau-Summe von 100 Thalern, und zwar von 1 bis 200 Jahren nach der Formel (I. *a.*) $x = \frac{K}{1+N}$, sowohl nach dem Zinsfuße von 4 als von 5 Procent berechnet, und

b) die andere zur Bestimmung der von jetzt ab zu zahlenden jährlichen Rente für die in gewissen Zeiträumen immer wiederkehrende Bau-Ausgabe von 100 Thalern, ebenfalls von 1 bis 200 Jahren nach der Formel (VI. *b.*) $R = \frac{zK}{100M}$, sowohl nach dem Zinsfuße von 4 als 5 Procent berechnet,

für den Fall beizufügen, daß es vielleicht vorgezogen wird die Ermittelungen nicht nach den Formeln, sondern nach den zu *a*) und *b*) bemerkten Tafeln, vorausgesetzt, daß der Zinsfuß von 4 oder 5 Procent Anwendung findet, zu bewirken, wenn gleich das Rechnungsverfahren danach weitläufiger ist, wie nachstehende Darstellung ergiebt.

Gesetzt, eine nach einem gewissen Zeitraume einmal fällige Leistung solle jetzt gleich durch Kapital-Zahlung abgelöst werden, so muß man zuvörderst das diesem Zeitraume entsprechende Ablösungs-Kapital für 100 Thaler in der angehängten Tafel I. aufsuchen und aus dem Verhältniß der 100 Thaler zu dem dazugehörigen Ablösungs-Kapital, das der vorgeschriebenen Leistung entsprechende Ablösungs-Kapital durch gewöhnliche Regeldetrie berechnen.

Oder müßte eine Leistung nach einer gewissen Zeit einmal und dann nach einer gewissen Zeit zum zweiten Male, nicht aber fortlaufend nach bestimmten Perioden, erfolgen, so berechnet man auf ganz gleiche Weise das Ablösungs-Kapital für jeden Zeitraum besonders und addirt beide Resultate.

In beiden Fällen wird, wenn eine solche Leistung nicht in Kapital, sondern in Rente abgelöst werden soll, diese durch Berechnung der Zinsen von dem ermittelten Ablösungs-Kapital gefunden.

Sollen fortlaufende periodisch vorkommende Leistungen abgelöst werden, so geschieht die Ermittelung nach der Tafel II. ganz in derselben Weise wie oben angegeben, durch Vergleichung der Verhältnisse. Die Berechnung dieser Tafel ist auf Rente gestellt; das aus der anzusetzenden Proportion hervorgehende Resultat ist also gleichfalls Rente, die aber auf Verlangen nach dem angenommenen Zinsfuße auch in Ablösungs-Kapital verwandelt werden kann.

Der Fall, wenn die Rente nicht gleich, sondern erst von einem späteren Zeitpuncte abzulaufen anfängt, weil z. B. eine alle 100 Jahre vorkommende Leistung schon nach 5 Jahren und dann ferner alle 100 Jahre nöthig ist, und mithin der Berechtigte zunächst für die nach 5 Jahren nöthige Leistung abgefunden werden muß, wird dadurch aufgelöst, daß

α) zuvörderst die nach 5 Jahren fällige Leistung mit Hülfe der Tafel I. in ein jetzt gleich zu zahlendes Ablösungs-Kapital verwandelt wird,

β) die aus der Vergleichung der Tafel II. für den Zeitraum von 100 Jahren gefundene Rente nach dem angenommenen Zinssatze zu Kapital berechnet, dieses Kapital aber, da es ebenfalls erst nach 5 Jahren fällig sein würde, mit Hülfe der Tafel I. auf eine dafür jetzt gleich zu zahlende Kapital-Abfindung reducirt wird, und

γ) von der Summe der zu α) und β) gefundenen, jetzt gleich zu zahlenden Kapitalien die Zinsen als von jetzt ab laufende Rente angesetzt werden.

Tafel I.

zur Bestimmung des jetzt gleich zu zahlenden Ablösungs-Kapitals für die erst nach einer bestimmten Anzahl Jahre noch einmal zu leistende Bau-Summe von 100 Thalern, und zwar von 1 bis 200 Jahren nach der Formel (I. *a.*) $x = \frac{K}{1+N}$, sowohl nach dem Zinsfuße von 4 als von 5 Procent berechnet.

Bau-Periode *m* od. *n* Jahre.	Ablösungs-Kapital nach dem Zinsfuße $z = 4$.			Ablösungs-Kapital nach dem Zinsfuße $z = 5$.		
	Thlr.	Sgr.	Pf.	Thlr.	Sgr.	Pf.
1	96	4	$7\frac{5}{13}$	95	7	$1\frac{5}{7}$
2	92	13	$8\frac{4}{169}$	90	21	$1\frac{3}{49}$
3	88	27	$1\frac{970}{1403}$	86	11	$9\frac{237}{463}$
4	85	14	$11\frac{551}{731}$	82	8	$8\frac{56}{81}$
5	82	7	$1\frac{5}{19}$	78	12	$11\frac{5}{17}$
6	79	3	$5\frac{1}{79}$	74	22	$11\frac{95}{107}$
7	76	3	$9\frac{425}{821}$	71	9	$\frac{84}{187}$
8	73	8	$1\frac{419}{853}$	68	—	$9\frac{39}{49}$
9	70	16	$3\frac{15}{443}$	64	28	$\frac{48}{77}$
10	67	28	$\frac{12}{23}$	62	—	$5\frac{25}{43}$
11	65	13	$4\frac{40}{191}$	59	7	$9\frac{1}{3}$
12	63	2	$\frac{336}{991}$	56	19	$8\frac{212}{353}$
13	60	23	$11\frac{41}{257}$	54	6	$\frac{8}{41}$
14	58	18	$10\frac{502}{533}$	51	26	$5\frac{11}{257}$
15	56	16	$9\frac{219}{221}$	49	20	$8\frac{32}{161}$
16	54	17	$6\frac{150}{229}$	47	18	$6\frac{6}{7}$
17	52	20	$11\frac{197}{593}$	45	19	$10\frac{26}{73}$
18	50	26	$10\frac{146}{307}$	43	24	$4\frac{164}{913}$

Fortsetzung.

Bau-Periode *m* od. *n* Jahre.	Ablösungs-Kapital nach dem Zinsfuße $z = 4$.			Ablösungs-Kapital nach dem Zinsfuße $z = 5$.		
	Thlr.	Sgr.	Pf.	Thlr.	Sgr.	Pf.
19	49	5	$2\frac{758}{1271}$	42	1	$9\frac{303}{317}$
20	47	15	$10\frac{70}{263}$	40	12	$1\frac{5}{11}$
21	45	28	$8\frac{2}{17}$	38	25	$\frac{60}{103}$
22	44	13	$6\frac{594}{703}$	37	10	$5\frac{45}{119}$
23	43	—	$5\frac{295}{1453}$	35	28	$2\frac{2}{371}$
24	41	19	$2\frac{10}{1301}$	34	18	$\frac{216}{289}$
25	40	9	$8\frac{4}{31}$	33	10	—
26	39	1	$10\frac{1}{2}$	32	3	$10\frac{22}{83}$
27	37	25	$8\frac{172}{1651}$	30	29	$6\frac{186}{1291}$
28	36	20	$11\frac{1667}{1703}$	29	26	$10\frac{74}{223}$
29	35	17	$9\frac{93}{439}$	28	25	$9\frac{47}{77}$
30	34	15	$10\frac{170}{181}$	27	26	$2\frac{242}{287}$
31	33	15	$4\frac{128}{373}$	26	28	$\frac{32}{33}$
32	32	16	$\frac{1248}{1921}$	26	1	3
33	31	17	$11\frac{125}{989}$	25	5	$8\frac{4}{397}$
34	30	20	$11\frac{41}{509}$	24	11	$3\frac{75}{547}$
35	29	24	$11\frac{359}{419}$	23	17	$11\frac{65}{113}$
36	29	—	$\frac{360}{431}$	22	25	$8\frac{4}{7}$
37	28	6	$1\frac{119}{277}$	22	4	$5\frac{127}{301}$
38	27	13	$1\frac{97}{1139}$	21	14	$1\frac{97}{207}$
39	26	20	$11\frac{649}{23417}$	20	24	$8\frac{184}{1921}$
40	25	29	$7\frac{245}{481}$	20	6	$\frac{8}{11}$
41	25	9	$1\frac{77}{247}$	19	18	$2\frac{14}{17}$
42	24	19	$4\frac{76}{317}$	19	1	$1\frac{1847}{2101}$
43	24	—	$3\frac{2271}{2603}$	18	14	$9\frac{303}{721}$
44	23	11	$11\frac{2167}{2671}$	17	29	$1\frac{1}{371}$

Fortsetzung.

Bau-Periode m od. n Jahre.	Ablösungs-Kapital nach dem Zinsfuße $z = 4$.			Ablösungs-Kapital nach dem Zinsfuße $z = 5$.		
	Thlr.	Sgr.	Pf.	Thlr.	Sgr.	Pf.
45	22	24	$3\frac{93}{137}$	17	14	$\frac{48}{229}$
46	22	7	$3\frac{33}{281}$	16	29	$6\frac{102}{157}$
47	21	20	$9\frac{2271}{2881}$	16	15	$7\frac{257}{269}$
48	21	4	$11\frac{1093}{2953}$	16	2	$3\frac{243}{311}$
49	20	19	$7\frac{845}{1513}$	15	19	$5\frac{57}{71}$
50	20	4	$10\frac{2}{31}$	15	7	$1\frac{5}{7}$
51	19	20	$6\frac{78}{127}$	14	25	$3\frac{123}{539}$
52	19	6	$8\frac{3080}{3251}$	14	13	$10\frac{34}{461}$
53	18	23	$4\frac{85}{104}$	14	2	$9\frac{471}{473}$
54	18	10	$5\frac{1685}{1703}$	13	22	$2\frac{2194}{2911}$
55	17	28	$\frac{168}{697}$	13	12	$\frac{24}{199}$
56	17	15	$11\frac{257}{713}$	13	2	$1\frac{15}{17}$
57	17	4	$3\frac{267}{1823}$	12	22	$7\frac{41}{49}$
58	16	22	$11\frac{95}{233}$	12	13	$5\frac{283}{357}$
59	16	11	$11\frac{3667}{3811}$	12	4	$7\frac{625}{1097}$
60	16	1	$4\frac{496}{779}$	11	26	$\frac{336}{337}$
61	15	21	$1\frac{53}{199}$	11	17	$9\frac{21}{23}$
62	15	11	$1\frac{1411}{2033}$	11	9	$1\frac{194}{1177}$
63	15	1	$5\frac{3199}{4153}$	11	2	$1\frac{2195}{3613}$
64	14	22	$1\frac{1495}{4241}$	10	24	$8\frac{8}{77}$
65	14	13	$\frac{132}{433}$	10	17	$5\frac{11}{21}$
66	14	4	$2\frac{110}{221}$	10	10	$5\frac{575}{773}$
67	13	25	$7\frac{3643}{4511}$	10	3	$8\frac{234}{439}$
68	13	17	$4\frac{536}{4603}$	9	27	$2\frac{82}{673}$
69	13	9	$3\frac{366}{1174}$	9	20	$10\frac{130}{2063}$
70	13	1	$5\frac{137}{479}$	9	14	$8\frac{104}{281}$

Fortsetzung.

Bau-Periode m od. n Jahre.	Ablösungs-Kapital nach dem Zinsfuße z = 4.			Ablösungs-Kapital nach dem Zinsfuße z = 5.		
	Thlr.	Sgr.	Pf.	Thlr.	Sgr.	Pf.
71	12	23	$9\frac{915}{977}$	9	8	$8\frac{272}{287}$
72	12	16	$5\frac{823}{4981}$	9	2	$11\frac{775}{1099}$
73	12	9	$2\frac{2230}{2539}$	8	27	$4\frac{104}{187}$
74	12	2	$2\frac{638}{647}$	8	21	$11\frac{213}{509}$
75	11	25	$5\frac{85}{211}$	8	16	$8\frac{40}{187}$
76	11	18	$10\frac{2}{43}$	8	11	$6\frac{46}{53}$
77	11	12	$4\frac{1148}{1369}$	8	6	$7\frac{251}{811}$
78	11	6	$1\frac{1963}{2789}$	8	1	$9\frac{2337}{4963}$
79	11	—	$\frac{3240}{5681}$	7	27	$1\frac{485}{1687}$
80	10	24	$1\frac{427}{1157}$	7	22	$6\frac{30}{43}$
81	10	18	$4\frac{20}{589}$	7	18	$1\frac{169}{263}$
82	10	12	$8\frac{752}{1499}$	7	13	$10\frac{3118}{1787}$
83	10	7	$2\frac{4342}{6103}$	7	9	$7\frac{555}{607}$
84	10	1	$10\frac{3758}{6211}$	7	5	$7\frac{379}{2783}$
85	9	26	$8\frac{10}{79}$	7	1	$7\frac{43}{63}$
86	9	21	$7\frac{143}{643}$	6	27	$9\frac{39}{77}$
87	9	16	$7\frac{5501}{6541}$	6	24	$\frac{3312}{5881}$
88	9	11	$9\frac{6207}{6653}$	6	20	$4\frac{404}{499}$
89	9	7	$1\frac{1525}{3383}$	6	16	$10\frac{261}{127}$
90	9	2	$6\frac{15}{43}$	6	13	$4\frac{380}{1241}$
91	8	28	$\frac{816}{1399}$	6	10	$\frac{120}{421}$
92	8	23	$8\frac{796}{7111}$	6	6	$8\frac{320}{357}$
93	8	19	$4\frac{1616}{1807}$	6	3	$6\frac{1662}{3269}$
94	8	15	$2\frac{3274}{3673}$	6	—	$5\frac{65}{739}$
95	8	11	$2\frac{28}{1493}$	5	27	$4\frac{272}{451}$
96	8	7	$2\frac{578}{1517}$	5	24	$5\frac{1}{43}$

Fortsetzung.

Bau-Periode *m* od. *n* Jahre.	Ablösungs-Kapital nach dem Zinsfuße $z = 4$.			Ablösungs-Kapital nach dem Zinsfuße $z = 5$.		
	Thlr.	Sgr.	Pf.	Thlr.	Sgr.	Pf.
97	8	3	$3\frac{1093}{3853}$	5	21	$6\frac{186}{583}$
98	7	29	$6\frac{582}{1957}$	5	18	$8\frac{1096}{2371}$
99	7	25	$9\frac{6621}{7951}$	5	15	$11\frac{3079}{7231}$
100	7	22	$2\frac{122}{323}$	5	13	$3\frac{9}{49}$
101	7	18	$7\frac{37}{41}$	5	10	$7\frac{59}{83}$
102	7	15	$2\frac{1574}{4163}$	5	8	$\frac{7464}{7591}$
103	7	11	$9\frac{6567}{8453}$	5	5	$6\frac{838}{857}$
104	7	8	$6\frac{618}{8581}$	5	3	$1\frac{439}{653}$
105	7	5	$3\frac{207}{871}$	5	—	$9\frac{9}{199}$
106	7	2	$1\frac{55}{221}$	4	28	$5\frac{41}{539}$
107	6	29	$\frac{732}{8971}$	4	26	$1\frac{2039}{2737}$
108	6	25	$11\frac{6487}{9103}$	4	23	$11\frac{137}{4169}$
109	6	23	$\frac{276}{2309}$	4	21	$8\frac{1300}{1411}$
110	6	20	$1\frac{263}{937}$	4	19	$7\frac{75}{191}$
111	6	17	$3\frac{333}{1901}$	4	17	$6\frac{150}{349}$
112	6	14	$5\frac{7547}{9641}$	4	15	$6\frac{2}{123}$
113	6	11	$9\frac{411}{4889}$	4	13	$6\frac{306}{2247}$
114	6	9	$1\frac{149}{2479}$	4	11	$6\frac{7062}{9121}$
115	6	6	$5\frac{1393}{2011}$	4	9	$7\frac{565}{617}$
116	6	3	$10\frac{1966}{2039}$	4	7	$9\frac{171}{313}$
117	6	1	$4\frac{152}{323}$	4	5	$11\frac{3107}{4763}$
118	5	28	$11\frac{1867}{5239}$	4	4	$2\frac{710}{3221}$
119	5	26	$6\frac{4722}{10621}$	4	2	$5\frac{259}{1089}$
120	5	24	$2\frac{230}{2153}$	4	—	$8\frac{344}{497}$
121	5	21	$10\frac{358}{1091}$	3	29	$\frac{4}{7}$
122	5	19	$7\frac{65}{691}$	3	27	$4\frac{2944}{3407}$

Fortsetzung.

Bau-Periode m od. n Jahre.	Ablösungs-Kapital nach dem Zinsfuße z = 4.			Ablösungs-Kapital nach dem Zinsfuße z = 5.		
	Thlr.	Sgr.	Pf.	Thlr.	Sgr.	Pf.
123	5	17	$4\frac{4376}{11203}$	3	25	$9\frac{7233}{10363}$
124	5	15	$2\frac{2318}{11351}$	3	24	$2\frac{1130}{1751}$
125	5	13	$\frac{12}{23}$	3	22	$8\frac{8}{71}$
126	5	10	$11\frac{77}{233}$	3	21	$1\frac{53}{2159}$
127	5	8	$10\frac{7294}{11801}$	3	19	$8\frac{5481}{3647}$
128	5	6	$10\frac{4454}{11953}$	3	18	$2\frac{54}{77}$
129	5	4	$10\frac{3526}{6053}$	3	16	$9\frac{1671}{2809}$
130	5	2	$11\frac{145}{613}$	3	15	$4\frac{208}{253}$
131	5	1	$\frac{804}{2483}$	3	14	$\frac{288}{769}$
132	4	29	$1\frac{10481}{12571}$	3	12	$8\frac{1424}{5843}$
133	4	27	$3\frac{1203}{1591}$	3	11	$4\frac{832}{1973}$
134	4	25	$6\frac{522}{6443}$	3	10	$\frac{3600}{3997}$
135	4	23	$8\frac{2084}{2609}$	3	8	$9\frac{1635}{2429}$
136	4	21	$11\frac{2377}{2641}$	3	7	$6\frac{30}{41}$
137	4	20	$3\frac{2511}{6683}$	3	6	$4\frac{12}{173}$
138	4	18	$7\frac{367}{1691}$	3	5	$1\frac{8567}{12613}$
139	4	16	$11\frac{5687}{13691}$	3	3	$11\frac{787}{1419}$
140	4	15	$3\frac{2667}{2771}$	3	2	$8\frac{256}{337}$
141	4	13	$8\frac{596}{701}$	3	1	$8\frac{100}{1309}$
142	4	12	$2\frac{502}{7093}$	3	—	$6\frac{3138}{4417}$
143	4	10	$7\frac{8849}{14353}$	2	29	$5\frac{2617}{4471}$
144	4	9	$1\frac{6971}{14521}$	2	28	$4\frac{1180}{1697}$
145	4	7	$7\frac{961}{1469}$	2	27	$4\frac{8}{229}$
146	4	6	$2\frac{98}{743}$	2	26	$3\frac{185}{309}$
147	4	4	$8\frac{13634}{15031}$	2	25	$3\frac{5367}{14071}$
148	4	3	$3\frac{14763}{15203}$	2	24	$3\frac{299}{791}$

Fortsetzung.

Bau-Periode m od. n Jahre.	Ablösungs-Kapital nach dem Zinsfuße $z=4$			Ablösungs-Kapital nach dem Zinsfuße $z=5$.		
	Thlr.	Sgr.	Pf.	Thlr.	Sgr.	Pf.
149	4	1	$11\frac{307}{961}$	2	23	$3\frac{1401}{2401}$
150	4	—	$6\frac{294}{311}$	2	22	$3\frac{579}{583}$
151	3	29	$2\frac{530}{629}$	2	21	$4\frac{592}{983}$
152	3	27	$11\frac{85}{15901}$	2	20	$5\frac{505}{1243}$
153	3	26	$7\frac{3439}{8039}$	2	19	$6\frac{378}{943}$
154	3	25	$4\frac{53}{508}$	2	18	$7\frac{2959}{5087}$
155	3	24	$1\frac{97}{3287}$	2	17	$8\frac{324}{343}$
156	3	22	$10\frac{658}{3323}$	2	16	$10\frac{758}{1561}$
157	3	21	$7\frac{2539}{4199}$	2	16	$1\frac{1097}{2631}$
158	3	20	$5\frac{2075}{8489}$	2	15	$2\frac{458}{5321}$
159	3	19	$3\frac{1929}{17161}$	2	14	$4\frac{2228}{16141}$
160	3	18	$1\frac{707}{3469}$	2	13	$6\frac{6}{17}$
161	3	16	$11\frac{901}{1753}$	2	12	$8\frac{8}{11}$
162	3	15	$10\frac{170}{4429}$	2	11	$11\frac{4297}{16681}$
163	3	14	$8\frac{13832}{17903}$	2	11	$1\frac{5287}{5621}$
164	3	13	$7\frac{12887}{18091}$	2	10	$4\frac{732}{947}$
165	3	12	$6\frac{390}{457}$	2	9	$7\frac{1295}{1723}$
166	3	11	$6\frac{354}{1847}$	2	8	$10\frac{338}{387}$
167	3	10	$5\frac{13495}{18661}$	2	8	$2\frac{794}{5867}$
168	3	9	$5\frac{8371}{18853}$	2	7	$5\frac{2377}{4447}$
169	3	8	$5\frac{3337}{9523}$	2	6	$9\frac{153}{2247}$
170	3	7	$5\frac{211}{481}$	2	6	$\frac{888}{1211}$
171	3	6	$5\frac{2741}{3887}$	2	5	$4\frac{1936}{3671}$
172	3	5	$6\frac{2874}{19631}$	2	4	$8\frac{1384}{3091}$
173	3	4	$6\frac{3762}{4957}$	2	4	$\frac{512}{1041}$
174	3	3	$7\frac{5401}{10013}$	2	3	$4\frac{12440}{18931}$

Fortsetzung.

Bau-Periode *m* od. *n* Jahre.	Ablösungs-Kapital nach dem Zinsfuße $z = 4$.			Ablösungs-Kapital nach dem Zinsfuße $z = 5$.		
	Thlr.	Sgr.	Pf.	Thlr.	Sgr.	Pf.
175	3	2	$8\frac{392}{809}$	2	2	$8\frac{16}{17}$
176	3	1	$9\frac{483}{817}$	2	2	$1\frac{55}{161}$
177	3	—	$10\frac{8830}{10313}$	2	1	$5\frac{4177}{4879}$
178	3	—	$\frac{1440}{5207}$	2	—	$10\frac{3170}{6571}$
179	2	29	$1\frac{17861}{21031}$	2	—	$3\frac{1449}{6637}$
180	2	28	$3\frac{2427}{4247}$	1	29	$8\frac{124}{2011}$
181	2	27	$5\frac{59}{134}$	1	29	$1\frac{7}{677}$
182	2	26	$7\frac{4903}{10823}$	1	28	$6\frac{142}{2279}$
183	2	25	$9\frac{13263}{21853}$	1	27	$11\frac{4465}{20713}$
184	2	24	$11\frac{19841}{22061}$	1	27	$4\frac{272}{581}$
185	2	24	$2\frac{730}{2227}$	1	26	$9\frac{9}{11}$
186	2	23	$4\frac{250}{281}$	1	26	$3\frac{225}{853}$
187	2	22	$7\frac{13219}{22691}$	1	25	$8\frac{5764}{7177}$
188	2	21	$10\frac{9254}{22903}$	1	25	$2\frac{1574}{3623}$
189	2	21	$1\frac{2033}{5779}$	1	24	$8\frac{1712}{10973}$
190	2	20	$4\frac{988}{2333}$	1	24	$1\frac{1427}{1477}$
191	2	19	$7\frac{2905}{4709}$	1	23	$7\frac{429}{497}$
192	2	18	$10\frac{22094}{23761}$	1	23	$1\frac{1193}{1411}$
193	2	18	$2\frac{4318}{11989}$	1	22	$7\frac{577}{633}$
194	2	17	$5\frac{5479}{6049}$	1	22	$2\frac{458}{7667}$
195	2	16	$9\frac{2757}{4883}$	1	21	$8\frac{1340}{4643}$
196	2	16	$1\frac{1649}{4927}$	1	21	$2\frac{466}{781}$
197	2	15	$5\frac{1330}{6214}$	1	20	$8\frac{3872}{3941}$
198	2	14	$9\frac{2517}{12539}$	1	20	$3\frac{10611}{23863}$
199	2	14	$1\frac{7411}{25301}$	1	19	$9\frac{7581}{8027}$
200	2	13	$5\frac{499}{1021}$	1	19	$4\frac{16}{27}$

Tafel II.

zur Bestimmung der von jetzt ab zu zahlenden jährlichen Rente für die in gewissen Zeiträumen immer wiederkehrende Bau-Ausgabe von 100 Thalern, von 1 bis 200 Jahren nach der Formel (VI. *b.*) $R = \frac{zK}{100\,M}$, sowohl nach dem Zinsfuße von 4 als von 5 Procent berechnet.

Bau-Periode *m* od. *n* Jahre.	Jährliche Rente nach dem Zinsfuße z = 4.			Jährliche Rente nach dem Zinsfuße z = 5.		
	Thlr.	Sgr.	Pf.	Thlr.	Sgr.	Pf.
1	100	—	—	100	—	—
2	49	—	$7\frac{1}{17}$	48	23	$4\frac{40}{41}$
3	32	1	$6\frac{6}{13}$	31	22	$4\frac{4}{7}$
4	23	17	$6\frac{30}{53}$	23	7	$8\frac{4}{43}$
5	18	15	$6\frac{2}{3}$	18	5	$5\frac{5}{11}$
6	15	4	$6\frac{6}{11}$	14	24	$5\frac{1}{3}$
7	12	22	$7\frac{41}{49}$	12	12	$8\frac{8}{161}$
8	10	28	$11\frac{7}{19}$	10	19	$1\frac{37}{47}$
9	9	17	$4\frac{8}{29}$	9	7	$9\frac{1}{3}$
10	8	14	$2\frac{50}{59}$	8	4	$10\frac{38}{49}$
11	7	17	$3\frac{3}{11}$	7	8	$2\frac{2}{11}$
12	6	24	$11\frac{1}{61}$	6	16	$\frac{16}{17}$
13	6	6	$1\frac{101}{403}$	5	27	$6\frac{108}{169}$
14	5	20	$\frac{40}{49}$.	5	11	$8\frac{260}{371}$
15	5	6	3	4	28	$1\frac{7}{9}$
16	4	24	$2\frac{10}{13}$	4	16	$4\frac{4}{11}$
17	4	13	$8\frac{52}{187}$	4	6	$\frac{72}{119}$
18	4	4	$4\frac{36}{67}$	3	26	$11\frac{32}{57}$

Fortsetzung.

Bau-Periode *m* od. *n* Jahre.	Jährliche Rente nach dem Zinsfuße $z = 4$.			Jährliche Rente nach dem Zinsfuße $z = 5$.		
	Thlr.	Sgr.	Pf.	Thlr.	Sgr.	Pf.
19	3	26	$1\frac{61}{333}$	3	18	$10\frac{394}{551}$
20	3	18	$8\frac{8}{23}$	3	11	$8\frac{20}{59}$
21	3	12	$\frac{24}{49}$	3	5	$2\frac{6}{7}$
22	3	6	$\frac{288}{781}$	2	29	$5\frac{17}{671}$
23	3	—	$6\frac{22}{23}$	2	24	$1\frac{583}{713}$
24	2	25	$7\frac{29}{73}$	2	19	$4\frac{8}{21}$
25	2	21	$\frac{36}{37}$	2	15	—
26	2	16	$11\frac{1}{13}$	2	11	$\frac{12}{169}$
27	2	13	$1\frac{11}{57}$	2	7	$4\frac{8}{99}$
28	2	9	$6\frac{474}{539}$	2	3	$11\frac{277}{469}$
29	2	6	$3\frac{285}{377}$	2	—	$10\frac{110}{493}$
30	2	3	$3\frac{39}{79}$	1	27	$11\frac{15}{23}$
31	2	—	$5\frac{25}{31}$	1	25	$3\frac{129}{217}$
32	1	27	$10\frac{4}{9}$	1	22	$9\frac{57}{71}$
33	1	25	$5\frac{85}{451}$.	1	20	$6\frac{2}{33}$
34	1	23	$1\frac{1193}{1411}$	1	18	$4\frac{220}{1241}$
35	1	21	$\frac{12}{49}$	1	16	$3\frac{255}{259}$
36	1	19	$\frac{4}{17}$	1	14	$5\frac{1}{3}$
37	1	17	$1\frac{1085}{1591}$	1	12	$8\frac{64}{703}$
38	1	15	$4\frac{256}{551}$	1	11	$\frac{204}{1463}$
39	1	13	$8\frac{68}{143}$	1	9	$5\frac{63}{169}$
40	1	12	$1\frac{55}{89}$	1	7	$11\frac{55}{79}$
41	1	10	$7\frac{33}{41}$	1	6	$7\frac{1}{41}$
42	1	9	$2\frac{610}{637}$	1	5	$3\frac{53}{189}$
43	1	7	$11\frac{5}{989}$	1	4	$\frac{696}{1763}$
44	1	6	$7\frac{301}{341}$	1	2	$10\frac{278}{913}$

Fortsetzung.

Bau-Periode *m* od. *n* Jahre.	Jährliche Rente nach dem Zinsfuße $z = 4$.			Jährliche Rente nach dem Zinsfuße $z = 5$.		
	Thlr.	Sgr.	Pf.	Thlr.	Sgr.	Pf.
45	1	5	$5\frac{25}{47}$	1	1	$8\frac{20}{21}$
46	1	4	$3\frac{323}{437}$	1	—	$8\frac{113}{391}$
47	1	3	$2\frac{44}{47}$	—	29	$8\frac{524}{2021}$
48	1	2	$2\frac{58}{97}$	—	28	$8\frac{24}{29}$
49	1	1	$2\frac{2026}{2401}$	—	27	$9\frac{513}{539}$
50	1	—	$3\frac{7}{11}$	—	26	$11\frac{53}{89}$
51	—	29	$4\frac{16}{17}$	—	26	$1\frac{37}{51}$
52	—	28	$6\frac{954}{1313}$	—	25	$4\frac{168}{1183}$
53	—	27	$8\frac{868}{901}$	—	24	$7\frac{395}{1219}$
54	—	26	$11\frac{193}{309}$	—	23	$10\frac{206}{279}$
55	—	26	$2\frac{98}{143}$	—	23	$2\frac{274}{517}$
56	—	25	$6\frac{6}{49}$	—	22	$6\frac{90}{133}$
57	—	24	$9\frac{521}{1007}$	—	21	$11\frac{13}{19}$
58	—	24	$2\frac{130}{3103}$	—	21	$3\frac{2685}{2813}$
59	—	23	$6\frac{86}{177}$	—	20	$9\frac{141}{2891}$
60	—	22	$11\frac{25}{109}$	—	20	$2\frac{14}{33}$
61	—	22	$4\frac{172}{671}$	—	19	$8\frac{4}{61}$
62	—	21	$9\frac{633}{1147}$	—	19	$1\frac{3001}{3131}$
63	—	21	$3\frac{5}{49}$	—	18	$8\frac{132}{357}$
64	—	20	$8\frac{101}{113}$	—	18	$2\frac{46}{103}$
65	—	20	$2\frac{226}{247}$	—	17	$9\frac{3}{169}$
66	—	19	$9\frac{39}{253}$	—	17	$3\frac{61}{77}$
67	—	19	$3\frac{1167}{1943}$	—	16	$10\frac{2698}{3551}$
68	—	18	$10\frac{54}{221}$	—	16	$5\frac{165[illegible]}{1819}$
69	—	18	$5\frac{103}{1357}$	—	16	$1\frac{49}{207}$
70	—	18	$\frac{72}{833}$	—	15	$8\frac{556}{763}$

Fortsetzung.

Bau-Periode *m* od. *n* Jahre.	Jährliche Rente nach dem Zinsfuße $z = 4$.			Jährliche Rente nach dem Zinsfuße $z = 5$.		
	Thlr.	Sgr.	Pf.	Thlr.	Sgr.	Pf.
71	—	17	$7\frac{19}{71}$	—	15	$4\frac{296}{781}$
72	—	17	$2\frac{74}{121}$	—	15	$\frac{20}{111}$
73	—	16	$10\frac{494}{4453}$	—	14	$8\frac{64}{511}$
74	—	16	$5\frac{1151}{1517}$	—	14	$4\frac{868}{4181}$
75	—	16	$1\frac{17}{31}$	—	14	$\frac{8}{19}$
76	—	15	$9\frac{9}{19}$	—	13	$8\frac{332}{437}$
77	—	15	$5\frac{285}{539}$	—	13	$5\frac{487}{2233}$
78	—	15	$1\frac{1169}{1651}$	—	13	$1\frac{401}{507}$
79	—	14	$10\frac{1}{158}$	—	12	$10\frac{2206}{4661}$
80	—	14	$6\frac{18}{43}$	—	12	$7\frac{31}{119}$
81	—	14	$2\frac{110}{117}$	—	12	$4\frac{4}{27}$
82	—	13	$11\frac{3043}{5371}$	—	12	$1\frac{655}{4961}$
83	—	13	$8\frac{268}{913}$	—	11	$10\frac{1054}{5063}$
84	—	13	$5\frac{109}{931}$	—	11	$7\frac{107}{287}$
85	—	13	$2\frac{38}{1139}$	—	11	$4\frac{328}{527}$
86	—	12	$11\frac{5}{129}$	—	11	$1\frac{41}{43}$
87	—	12	$8\frac{64}{493}$	—	10	$11\frac{221}{609}$
88	—	12	$5\frac{457}{1507}$	—	10	$8\frac{1184}{1397}$
89	—	12	$2\frac{1138}{2047}$	—	10	$6\frac{36}{89}$
90	—	11	$11\frac{123}{139}$	—	10	$4\frac{4}{129}$
91	—	11	$9\frac{183}{637}$	—	10	$1\frac{857}{1183}$
92	—	11	$6\frac{822}{1081}$	—	9	$11\frac{1453}{3013}$
93	—	11	$4\frac{664}{2201}$	—	9	$9\frac{103}{341}$
94	—	11	$1\frac{6107}{6721}$	—	9	$7\frac{1135}{6251}$
95	—	10	$11\frac{11}{19}$	—	9	$5\frac{151}{1273}$
96	—	10	$9\frac{9}{29}$	—	9	$3\frac{1}{9}$

Fortsetzung.

Bau-Periode *m* od. *n* Jahre.	Jährliche Rente nach dem Zinsfuße $z = 4$.			Jährliche Rente nach dem Zinsfuße $z = 5$.		
	Thlr.	Sgr.	Pf.	Thlr.	Sgr.	Pf.
97	—	10	$7\frac{713}{7081}$	—	9	$1\frac{259}{1649}$
98	—	10	$4\frac{2276}{2401}$	—	8	$11\frac{1709}{6713}$
99	—	10	$2\frac{346}{407}$	—	8	$9\frac{105}{759}$
100	—	10	$\frac{120}{149}$	—	8	$7\frac{831}{139}$
101	—	9	$10\frac{82}{101}$	—	8	$5\frac{593}{707}$
102	—	9	$8\frac{2228}{2567}$	—	8	$4\frac{100}{799}$
103	—	9	$6\frac{1902}{1957}$	—	8	$2\frac{3326}{7313}$
104	—	9	$5\frac{27}{221}$	—	8	$\frac{1536}{1859}$
105	—	9	$3\frac{171}{539}$	—	7	$11\frac{5}{21}$
106	—	9	$1\frac{913}{1643}$	—	7	$9\frac{1059}{1537}$
107	—	8	$11\frac{1163}{1391}$	—	7	$8\frac{1388}{7811}$
108	—	8	$10\frac{74}{471}$	—	7	$6\frac{310}{441}$
109	—	8	$8\frac{4456}{8611}$	—	7	$5\frac{1063}{4033}$
110	—	8	$6\frac{534}{583}$	—	7	$3\frac{1407}{1639}$
111	—	8	$5\frac{13}{37}$	—	7	$2\frac{18}{37}$
112	—	8	$3\frac{927}{1127}$	—	7	$1\frac{155}{1057}$
113	—	8	$2\frac{334}{1017}$	—	6	$11\frac{1729}{2147}$
114	—	8	$\frac{2688}{3097}$	—	6	$10\frac{542}{969}$
115	—	7	$11\frac{415}{943}$	—	6	$9\frac{549}{1771}$
116	—	7	$10\frac{14}{319}$	—	6	$8\frac{80}{899}$
117	—	7	$8\frac{732}{1079}$	—	6	$6\frac{454}{507}$
118	—	7	$7\frac{3377}{9853}$	—	6	$5\frac{6749}{9263}$
119	—	7	$6\frac{30}{833}$	—	6	$4\frac{5524}{9401}$
120	—	7	$4\frac{128}{169}$	—	6	$3\frac{25}{53}$
121	—	7	$3\frac{1041}{2057}$	—	6	$2\frac{46}{121}$
122	—	7	$2\frac{326}{1159}$	—	6	$1\frac{3067}{9821}$

Fortsetzung.

Bau-Periode *m* od. *n* Jahre.	Jährliche Rente nach dem Zinsfuße $z = 4$. Thlr.	Sgr.	Pf.	Jährliche Rente nach dem Zinsfuße $z = 5$. Thlr.	Sgr.	Pf.
123	—	7	$1\frac{145}{1763}$	—	6	$\frac{296}{1107}$
124	—	6	$11\frac{4871}{5363}$	—	5	$11\frac{1237}{5053}$
125	—	6	$10\frac{22}{29}$	—	5	$10\frac{10}{41}$
126	—	6	$9\frac{31}{49}$	—	5	$9\frac{61}{231}$
127	—	6	$8\frac{740}{1397}$	—	5	$8\frac{3212}{10541}$
128	—	6	$7\frac{53}{118}$	—	5	$7\frac{61}{167}$
129	—	6	$6\frac{1494}{3827}$	—	5	$6\frac{134}{301}$
130	—	6	$5\frac{821}{2327}$	—	5	$5\frac{1195}{2197}$
131	—	6	$4\frac{44}{131}$	—	5	$4\frac{1472}{2227}$
132	—	6	$3\frac{675}{1991}$	—	5	$3\frac{499}{627}$
133	—	6	$2\frac{4378}{12103}$	—	5	$2\frac{5422}{5719}$
134	—	6	$1\frac{1649}{4087}$	—	5	$2\frac{1358}{11591}$
135	—	6	$\frac{32}{69}$	—	5	$1\frac{79}{261}$
136	—	5	$11\frac{341}{629}$	—	5	$\frac{60}{119}$
137	—	5	$10\frac{2710}{4247}$	—	4	$11\frac{1087}{1507}$
138	—	5	$9\frac{3231}{4301}$	—	4	$10\frac{1294}{1357}$
139	—	5	$8\frac{5756}{6533}$	—	4	$10\frac{2482}{12371}$
140	—	5	$8\frac{4}{147}$	—	4	$9\frac{5791}{1253}$
141	—	5	$7\frac{169}{893}$	—	4	$8\frac{104}{141}$
142	—	5	$6\frac{4974}{13561}$	—	4	$8\frac{344}{12851}$
143	—	5	$5\frac{80}{143}$	—	4	$7\frac{4285}{13013}$
144	—	5	$4\frac{148}{193}$	—	4	$6\frac{118}{183}$
145	—	5	$3\frac{2781}{2813}$	—	4	$5\frac{649}{667}$
146	—	5	$3\frac{213}{949}$	—	4	$5\frac{847}{2701}$
147	—	5	$2\frac{1138}{2401}$	—	4	$4\frac{1012}{1519}$
148	—	5	$1\frac{5371}{7289}$	—	4	$4\frac{212}{6919}$

Fortsetzung.

Bau-Periode *m* od. *n* Jahre.	Jährliche Rente nach dem Zinsfuße $z = 4$			Jährliche Rente nach dem Zinsfuße $z = 5$.		
	Thlr.	Sgr.	Pf.	Thlr.	Sgr.	Pf.
149	—	5	$1\frac{21}{1639}$	—	4	$3\frac{2847}{7003}$
150	—	5	$\frac{60}{199}$	—	4	$2\frac{50}{63}$
151	—	4	$11\frac{91}{151}$	—	4	$2\frac{550}{2869}$
152	—	4	$10\frac{1166}{1273}$	—	4	$1\frac{2179}{3629}$
153	—	4	$10\frac{414}{1717}$	—	4	$1\frac{1}{51}$
154	—	4	$9\frac{9013}{15631}$	—	4	$\frac{6672}{14861}$
155	—	4	$8\frac{488}{527}$	—	3	$11\frac{2671}{3007}$
156	—	4	$8\frac{152}{533}$	—	3	$11\frac{57}{169}$
157	—	4	$7\frac{10595}{16171}$	—	3	$10\frac{6122}{7693}$
158	—	4	$7\frac{65}{1817}$	—	3	$10\frac{4102}{15563}$
159	—	4	$6\frac{294}{689}$	—	3	$9\frac{1295}{1749}$
160	—	4	$5\frac{173}{209}$	—	3	$9\frac{45}{199}$
161	—	4	$5\frac{269}{1127}$	—	3	$8\frac{116}{161}$
162	—	4	$4\frac{1252}{1899}$	—	3	$8\frac{404}{1809}$
163	—	4	$4\frac{772}{8639}$	—	3	$7\frac{12091}{16463}$
164	—	4	$3\frac{1119}{2911}$	—	3	$7\frac{2111}{8323}$
165	—	4	$2\frac{1150}{1177}$	—	3	$6\frac{146}{187}$
166	—	4	$2\frac{1550}{3569}$	—	3	$6\frac{1074}{3403}$
167	—	4	$1\frac{451}{501}$	—	3	$5\frac{14759}{17201}$
168	—	4	$1\frac{569}{1519}$	—	3	$5\frac{591}{1449}$
169	—	4	$\frac{15792}{18421}$	—	3	$4\frac{2120}{2197}$
170	—	4	$\frac{432}{1241}$	—	3	$4\frac{1880}{3553}$
171	—	3	$11\frac{177}{209}$	—	3	$4\frac{40}{399}$
172	—	3	$11\frac{3359}{9503}$	—	3	$3\frac{6153}{9073}$
173	—	3	$10\frac{5554}{6401}$	—	3	$3\frac{2409}{9169}$
174	—	3	$10\frac{2518}{6467}$	—	3	$2\frac{1758}{2059}$

Fortsetzung.

Bau-Periode *m* od. *n* Jahre.	Jährliche Rente nach dem Zinsfuße $z = 4$.			Jährliche Rente nach dem Zinsfuße $z = 5$.		
	Thlr.	Sgr.	Pf.	Thlr.	Sgr.	Pf.
175	—	3	$9\frac{45}{49}$	—	3	$2\frac{338}{749}$
176	—	3	$9\frac{5}{11}$	—	3	$2\frac{26}{473}$
177	—	3	$8\frac{6652}{6667}$	—	3	$1\frac{353}{531}$
178	—	3	$8\frac{11068}{20203}$	—	3	$1\frac{5419}{19313}$
179	—	3	$8\frac{356}{3401}$	—	3	$\frac{17604}{19511}$
180	—	3	$7\frac{153}{229}$	—	3	$\frac{116}{219}$
181	—	3	$7\frac{991}{4163}$	—	3	$\frac{324}{1991}$
182	—	3	$6\frac{5706}{7007}$	—	2	$11\frac{16115}{20111}$
183	—	3	$6\frac{702}{1769}$	—	2	$11\frac{1005}{2257}$
184	—	3	$5\frac{5281}{5359}$	—	2	$11\frac{485}{5129}$
185	—	3	$5\frac{879}{481}$	—	2	$10\frac{194}{259}$
186	—	3	$5\frac{263}{1457}$	—	2	$10\frac{38}{93}$
187	—	3	$4\frac{8680}{11033}$	—	2	$10\frac{15146}{21131}$
188	—	3	$4\frac{1480}{3713}$	—	2	$9\frac{7923}{10669}$
189	—	3	$4\frac{40}{2499}$	—	2	$9\frac{499}{1197}$
190	—	3	$3\frac{2901}{4541}$	—	2	$9\frac{417}{4351}$
191	—	3	$3\frac{51}{191}$	—	2	$8\frac{3424}{4393}$
192	—	3	$2\frac{217}{241}$	—	2	$8\frac{36}{77}$
193	—	3	$2\frac{12586}{23353}$	—	2	$8\frac{896}{5597}$
194	—	3	$2\frac{478}{2619}$	—	2	$7\frac{19369}{22601}$
195	—	3	$1\frac{659}{793}$	—	2	$7\frac{283}{507}$
196	—	3	$1\frac{1163}{2401}$	—	2	$7\frac{607}{2303}$
197	—	3	$1\frac{1151}{8077}$	—	2	$6\frac{11310}{11623}$
198	—	3	$\frac{2188}{2717}$	—	2	$6\frac{1790}{2607}$
199	—	3	$\frac{2916}{6169}$	—	2	$6\frac{9570}{23681}$
200	—	3	$\frac{12}{83}$	—	2	$6\frac{30}{239}$

Umfang der Bau-Verpflichtungen.

§. 25.

Daß bei jedem Regulirungs- oder Abfindungs-Geschäft der Umfang der Bau-Verpflichtung nach den vorhandenen Kauf-Kontracten, Erbverschreibungen, Vergleichen oder Observanzen u. s. w. auf das sorgfältigste ermittelt und unzweifelhaft festgestellt werden muß, ehe zur Berechnung des Ablösungs-Kapitals oder der Rente geschritten werden kann, versteht sich von selbst, und mag danach die Verpflichtung auf Neubaue oder Reparaturen allein, oder aber auf beides ausgedehnt sein, so wird es nicht schwer fallen, nach Anleitung der einen oder andern der gegebenen verschiedenen Formeln, welche deshalb überall durch Beispiele erläutert sind, die den gestellten Bedingungen entsprechenden Ermittelungen zu bewirken.

Sehr häufig kommen dabei Fälle vor, daß die Bauverpflichtungen nicht auf die ganzen Neubaue und Reparaturen, sondern nur auf Theile derselben ausgedehnt sind, d. h. der Verpflichtete wird nicht alles das, was zu den Baulichkeiten gehört, als Arbeitslohn, Materialien und deren Anfuhre, sondern nur das eine oder andere davon, z. B. blos Holz oder Fuhren u. s. w., zu leisten haben. Alsdann ist natürlich nicht der ganze Bauaufwand, sondern nur der Werth des zum Neubau erforderlichen Holzes, oder der dazu nöthigen Fuhren, oder überhaupt dasjenige, worauf sich die Verpflichtung erstreckt, zu veranschlagen, nur dieses Resultat unter Bau-Summe zu verstehen und überall statt K in die Formeln, die übrigens ganz unverändert bleiben, zu setzen.

Die Richtigkeit dieses Verfahrens leuchtet sogleich ein, denn wenn z. B. der Werth der Fuhren den vierten Theil des ganzen Kostenaufwandes bei einem Bauwerke ausmacht, und nur dieser Theil wird $= K$ in Rechnung gestellt, so wird auch das aus den Formeln hervorgehende Ablösungs-Kapital oder die Rente nur den vierten Theil so groß sein, als wenn man den ganzen Bauaufwand zur Berechnung gezogen hätte.

Druckfehler.

Seite	23	Zeile	7 v. u.	statt	(VI. *a.*)	lies	(IV. *a.*)
—	92	—	6 "	"	$11\frac{649}{23417}$	"	$11\frac{649}{23451}$
—	96	—	9 "	"	$8\frac{256}{357}$	"	$9\frac{297}{431}$
—	105	—	11 "	"	$3\frac{1139}{2911}$	"	$3\frac{1539}{2911}$

FSC
www.fsc.org
MIX
Papier | Fördert
gute Waldnutzung
FSC® C083411

Kolibri 360 GmbH
Ferdinand-Jühlke-Straße 7
99095 Erfurt, Deutschland
produktsicherheit@kolibri360.de